Yvonne M. Conde

La sabiduría de los nuestros

Yvonne M. Conde nació en La Habana y es la autora de *Operación Pedro Pan: La historia inédita del éxodo de 14.048 niños cubanos*. Por tres años publicó semanalmente una columna de opinión en el diario *Hoy*, y ha participado como comentarista en programas como *News Hour with Jim Lehrer, The Edge with Paula Zahn* y *Fox News Live*. Desde 1990 hasta 1999, Conde fue corresponsal de la revista *Hispanic Business*. También ha publicado artículos en *Crain's New York Business, Latina, Vista* y *Caras*, entre otras publicaciones. Entre su experiencia como productora e investigadora se destacan *Journeys to New York: The Immigrant Experience Today*, un programa premiado de WNYC-TV, el documental *Marcadas por el paraíso*, la serie *Black and White in Exile* (PBS) y *Agenda for the Americas* (WPIX). Conde recibió su título de maestría en periodismo de New York University. Actualmente vive en Nueva York con su esposo Bernabé.

TAMBIÉN DE YVONNE M. CONDE

Operación Pedro Pan

La
SABIDURÍA
de los
NUESTROS

La
SABIDURÍA
de los
NUESTROS

MÁS DE 1.000 CITAS
QUE LE INSPIRARÁN

Editado por

YVONNE M. CONDE

Vintage Español

UNA DIVISIÓN DE RANDOM HOUSE, INC.

NUEVA YORK

A nuestros antepasados

Índice

· · · · · · · · · · · · · · ·

Índice

La

SABIDURÍA

de los

NUESTROS

ACTITUD POSITIVA

Soy una persona que si el cielo está azul, recoge energía
para el que viene gris.[1]

ROCÍO DÚRCAL

Si crees en ti mismo eso quiere decir que estás pensando
positivamente y vas a lograrlo. Pero si tienes una imagen
negativa de ti mismo, te vas a destruir.[2]

JAIME ESCALANTE

Al fin me di cuenta de que en la vida, uno tiene que
enfocarse en lo que tiene, no en lo que no tiene.[3]

MILLIE QUEZADA

Siempre adelante.[4]

JUNÍPERO SERRA

Muchas personas se enfocan en las cosas negativas de sus vidas, siempre queriendo más cosas y mejores cosas. ¿Por qué no apreciar lo que ya tienes? Siempre vas a estar mejor que otra persona.[5]

JAMIE-LYNN SIGLER

Yo convierto las cosas negativas en energía positiva. Todos tenemos distintas maneras de resolver nuestros problemas.[6]

THALÍA

ACTUACIÓN

Soy una persona muy trabajadora, lo que no tiene nada que ver con el talento.[7]

JAVIER BARDEM

Yo quiero sentir al público, no olvidarlo.[8]

Si veo un papel que estoy seguro que puedo interpretar,
¿cuál es el reto?[9]

RAÚL JULIÁ

Los problemas étnicos mueven a algunas personas a
actuar. A mí me paralizaban.[10]

RITA MORENO

Un actor es un señor que hoy come faisán y mañana se
come las plumas.[11]

FIDEL PINTOS

ADMIRACIÓN

La admiración te lleva a celebrar la excelencia del otro, y
de ese modo te impulsa a ser mejor.[12]

AURELIO ARTETA

Asusta pensar que las admiraciones más sinceras que
tenemos son las de personas que no nos han comprendido.[13]

BENITO PÉREZ GALDÓS

Si eres hombre, alza tus ojos para admirar a los que hayan emprendido cosas grandes, aunque hayan fracasado.[14]

LUCIO ANNEO SÉNECA

ADULACIÓN

A quien lisonjas desea, sirve quien le lisonjea más que quien le desengaña.[15]

JUAN RUIZ DE ALARCÓN Y MENDOZA

La lisonja es la fruta que más se vende en el palacio.[16]

FRAY FÉLIX LOPE DE VEGA CARPIO

Todos me imitan, es repugnante.[17]

MARIANO FORTUNY MADRAZO

Es más fiera la lisonja que el odio, pues éste señala defectos que se pueden corregir, pero aquélla los disimula.[18]

BALTASAR GRACIÁN Y MORALES

Bien puede haber puñalada sin lisonja, mas pocas veces hay lisonja sin puñalada.[19]

Francisco de Quevedo y Villegas

Quien oye aduladores, nunca espere otro premio.[20]

Félix María Samaniego

El bien que debe hacerse al propio país no ha de fundarse ni en la mentira, ni en el engaño, ni en la adulación de la muchedumbre.[21]

Manuel Zeno Gandía

ADVERSIDAD

Dejadles escribir. En Roma puede decirse todo, no hay problema.[22]

Ante la crítica.
Papa Alejandro VI

¡Cómo sabe el cielo sacar de las mayores adversidades nuestros mayores provechos![23]

Miguel de Cervantes Saavedra

En medio de la adversidad, las relaciones humanas se intensifican.[24]

LAURA RESTREPO

En la adversidad conviene muchas veces tomar un camino atrevido.[25]

LUCIO ANNEO SÉNECA

La adversidad es un espejo en el que deben mirarse todos los que verdaderamente quieran conocerse.[26]

JOSÉ VASCONCELOS

AGRADECIMIENTO

•••

Pero, gracias a Dios (tengo tanto por que estar agradecido que me paso todo el tiempo dándole las gracias).[27]

DAVID G. FARRAGUT

Recuerde que siempre se le puede dar un cumplido a una persona por algo, y que simplemente decir "gracias" logra mucho.[28]

CAROLINA HERRERA

Les dejo mi corazón[29]
A sus seguidores.

EVA PERÓN

El agradecimiento es la parte principal de un hombre de bien.[30]

FRANCISCO DE QUEVEDO Y VILLEGAS

A toda persona que puso alguna vez su cabeza en la almohada junto a la mía le tengo hoy un agradecimiento rayando en la veneración.[31]

FERNANDO SAVATER

Dar gracias por la vida, es uno de los más hermosos actos de amor que se pueden realizar.[32]

ALBERTO STOLER "TOLIMAN"

ALMA

....

El alma es antípoda del cuerpo, y así amanece para ella cuando anochece para él.[33]

JUAN RUFO

El alma es la voz de los intereses del cuerpo.[34]

GEORGE SANTAYANA

Sucede que, a medida que se crea menos en el alma, es decir, en su inmortalidad consciente, personal y concreta, se exagerará más el valor de la pobre vida pasajera.[35]

MIGUEL DE UNAMUNO Y JUGO

Alma humana es el espíritu por el cual vive el cuerpo a que está unido, apto para conocer y amar a Dios, y unirse por lo mismo a Él para la bienaventuranza eterna.[36]

JUAN LUIS VIVES

AMBICIÓN

A los seis años quería ser cocinero. A los siete quería ser Napoleón. Y mi ambición ha seguido aumentando en forma constante desde entonces.[37]

SALVADOR DALÍ

La ambición de la mayoría de los hombres es guardar dinero. La mía es gastarlo.[38]

PORFIRIO RUBIROSA

Yo soy muy, muy ganadora, lo que me propongo, lo consigo; tanto en lo deportivo como en lo personal. Y siempre me ha ido muy bien. Es un don que tengo y que me ha ayudado mucho.[39]

ARANXTA SÁNCHEZ-VICARIO

AMISTAD

Aquel es mejor amigo que desengaña mejor.[40]

JUAN RUIZ DE ALARCÓN Y MENDOZA

Quemad viejos leños, bebed viejos vinos, leed viejos libros, tened viejos amigos.[41]

REY ALFONSO X (ALFONSO "EL SABIO")

Algo mejor andaba el mundo y andaban los hombres cuando la amistad tenía más importancia que el amor.[42]

JACINTO BENAVENTE

Según mi madre, tener amistad con alguien y ser amigo de alguien eran dos cosas muy diferentes.[43]

OSCAR HIJUELOS

Nada ayuda tanto a progresar como tener un amigo que te diga tus defectos.[44]

SAN IGNACIO DE LOYOLA

Cuando una mujer nos traiciona, bueno la perdonamos, porque después de todo, es una mujer. Pero cuando somos traicionados por el hombre que pensamos es nuestro mejor amigo —¡Ay, Chihuahua!— eso sí que duele.[45]

PEDRO INFANTE

En los caracteres leales, la amistad dura tanto como los méritos que la inspiran.[46]

JOSÉ INGENIEROS

Una cosa es la amistad,
Y el negocio es otra cosa.[47]

ADELARDO LÓPEZ DE AYALA

Cada amigo representa un mundo dentro de nosotros, un mundo que posiblemente no nace hasta que ellos llegan y es sólo a través de ese encuentro que nace ese nuevo mundo.[48]

ANAÏS NIN

AMOR

Parte de amar de verdad es saber respetar y dejar al ser amado ser libre.[49]

PADRE ALBERTO CUTIÉ

Podrá nublarse el sol eternamente;
podrá secarse en un instante el mar;
podrá romperse el eje de la tierra
como un débil cristal.
¡Todo sucederá! Podrá la muerte
cubrirme con su fúnebre crespón;
pero jamás en mí podrá apagarse
la llama de tu amor.[50]

GUSTAVO ADOLFO BÉCQUER

El amor es algo así como el fuego; suelen ver antes el humo los que están fuera, que las llamas los que están dentro.[51]

JACINTO BENAVENTE

Uno está enamorado cuando se da cuenta de que otra persona es única.[52]

JORGE LUIS BORGES

Mi amor no roza con mi espíritu.[53]

JULIA DE BURGOS

Todo en amor es triste... mas triste y todo, es lo mejor que existe.[54]

RAMÓN DE CAMPOAMOR

La fuerza del corazón mueve montañas.[55]

DANIELA CARDONA

En el verdadero amor no manda nadie: obedecen los dos.[56]

ALEJANDRO CASONA

El amor es como los músculos, hay que ejercitarlo diariamente, si no, se atrofia.[57]

KATE DEL CASTILLO

Amar es lo más importante que hay en la vida, el sentimiento que mueve al mundo. La razón de vivir. Amar es todo.[58]

CHRISTIAN CASTRO

¿Qué no hay Dios? ¡Qué blasfemia!
Yo he contemplado a Dios...
(En aquel casto y puro

primer beso de amor,
cuando de nuestras almas
las nupcias consagró.)[59]

RUBÉN DARÍO

El amor es la fuerza más importante. Mueve el universo.[60]

LAURA ESQUIVEL

No puedo ni quiero esconderlo, imagino que salta a la vista:
soy un hombre feliz. Y tengo la certeza de que esta condición
me la da sentir la emoción de ver y protagonizar la realización
de un deseo: me he casado con la mujer que amo.[61]

FELIPE DE BORBÓN Y GRECIA, PRÍNCIPE DE ASTURIAS

Suplico a vuestra señoría que más a menudo vengan las
cartas que, por mi vida muy tardías vienen.[62]

REY FERNANDO DE ARAGÓN

El amor al arte da plenitud a la vida, lo material pasa. Sólo
perdura lo bello, creación eterna del espíritu.[63]

LUIS A. FERRÉ

El amor es una amistad con momentos eróticos.[64]

Hay muchas formas de amor y llamamos amor a
demasiadas cosas. O quizás a demasiadas pocas.[65]

En el amor importa todo, hasta el olor que emanan las glándulas sudoríferas y el color de los ojos.[66]

ANTONIO GALA

El más poderoso hechizo para ser amado es amar.[67]

BALTASAR GRACIÁN Y MORALES

El amor se debe poner más en las obras que en las palabras.[68]

SAN IGNACIO DE LOYOLA

El amor es como los columpios, empieza siendo diversión y termina dando nauseas.[69]

Al amor, al baño y a la tumba, se debe ir desnudo.[70]

Lo que mayor interés demuestran en saber los enamorados es aquello que más va a hacerles sufrir.[71]

ENRIQUE JARDIEL PONCELA

El amor es la vida misma.[72]

LUPITA JONES

Amar y ser amado es el no va más de la felicidad.[73]

Una persona que no ama es una cosa, alguien que se piensa persona debe de estar enamorado aunque sea de una flor.[74]

ROCÍO JURADO

Balas no matan amores.[75]

IGNACIO LÓPEZ TARSO

Enamorarse es muy fácil, enseguida te crees ante el hombre o mujer de tus sueños, pero para amar hay que aceptar el lado oscuro del otro.[76]

NATALIA MILLÁN

Es tan corto el amor y tan largo el olvido.[77]

PABLO NERUDA

Ama como puedas, ama a quien puedas, ama todo lo que puedas. No te preocupes de la finalidad de tu amor.[78]

AMADO NERVO

Amar es despojarse de los nombres.[79]

OCTAVIO PAZ

Amor sin deseo es peor que comer sin hambre.[80]

JACINTO OCTAVIO PICÓN

En el amor nunca se debe pretender para impresionar al otro.[81]

CARLOS PONCE

No hay nada que avive tanto el amor como el temor de perder el ser amado.[82]

FRANCISCO DE QUEVEDO Y VILLEGAS

En mi música podrán encontrar despecho, nostalgia, alegría, euforia, pero siempre inspirada por el amor, el único sentimiento que me hace respirar.[83]

PAULINA RUBIO

Un amor es siempre una pasión, una idealización de lo amado, que lo transforma dando otra interpretación de lo amado, que lo transforma dando otra interpretación de la realidad.[84]

JOSÉ LUIS SAMPEDRO

Soy más frío de lo que transmito en mis canciones. El punto es ser romántico y un poco canalla a la vez.[85]

ALEX UBAGO

El que mejor sabe que ama es el que ama mejor.[86]

MIGUEL DE UNAMUNO Y JUGO

Se ama lo que no se posee del todo.[87]

MANUEL VINCENT

ARQUITECTURA

Mi hogar es mi refugio, una pieza de arquitectura emocional, no un lugar frío de conveniencia.[88]

No me pregunten de este edificio o de aquel. No miren lo que yo hago. Miren lo que yo vi.[89]

LUIS BARRAGÁN

Entiendo la arquitectura como un arte. En ella me gusta dejar marcado lo que quiero exteriorizar. Entendida en su grandeza es capaz de asimilar todos los impulsos artísticos posibles.[90]

Por su propia naturaleza, la arquitectura está decididamente dedicada al mañana.[91]

SANTIAGO CALATRAVA

Una casa renovada es como una vieja con cirugía plástica.[92]

LILI ESTEFAN

Los buenos proyectos hacen preguntas. Los buenos proyectos no están nunca acabados.[93]

ALEJANDRO ZAERA

ARROGANCIA

Baryshnikov tiene la publicidad, pero yo tengo el talento.[94]

FERNANDO BUJONES

Soy alguien que ha sufrido y luchado… si estar orgulloso de lo que he hecho en mi vida después de veinticinco años de trabajo duro es arrogancia, pues entonces, ¡soy arrogante![95]

JOSÉ CURA

El día que uno se cree estrella, ese día se estrella, siempre miro hacia atrás.[96]

JUANES

Hay algo sobre una persona guapa: el momento en que se ponen arrogantes, se vuelven mucho menos atractivos.[97]

La gente no lo cree, pero en estos momentos estoy muy mal pagada.[98]

JENNIFER LOPEZ

La soberbia es el más prolífico de los pecados capitales.[99]

TOMÁS ELOY MARTÍNEZ

A mí nadie me ha quitado nunca un hombre.[100]

ANA OBREGÓN

Si yo no hubiese sido Perón, me hubiese gustado ser Perón.[101]

JUAN PERÓN

Creerse importante es lo más nefasto que hay, si uno se sitúa en un plano realista, de sencillez y humildad —creo que no se puede ser de otra manera—, uno llega a ser bastante indestructible.[102]

JOSÉ LUIS SAMPEDRO

Si un crítico me dice que no sirvo y me lo creo, soy un idiota; pero si otro dice que yo soy la revolución de las letras y me lo creo, también soy un idiota.[103]

XAVIER VELASCO

ARTE

Lo importante es que haya un pensamiento, una idea que permita sobrevivir al artista, alejado del poder y de las subvenciones, que producen esterilidad.[104]

Miguel Barceló

Un cuadro está terminado cuando encuentro la calma en mí.[105]

Fernando Botero

Ser moderno significa fealdad. El único artista que me convence es Balthus. El resto es una búsqueda de la fealdad extrema.[106]

Claudio Bravo

El verdadero pintor es aquel que es capaz de pintar escenas extraordinarias en medio de un desierto vacío. El verdadero pintor es aquel que es capaz de pintar pacientemente una pera rodeado de los tumultos de la historia.[107]

Salvador Dalí

Coleccionar libros es la forma más democrática de acceder al arte.[108]

Carlos García Osuna

He tenido tres maestros —la naturaleza, Velázquez y
Rembrandt.[109]

FRANCISCO DE GOYA Y LUCIENTES

Vengo pintando desde hace tres o cinco mil años, más o
menos.[110]

Mi pintura es para herir, para arañar y golpear en el
corazón de la gente. Para mostrar lo que el hombre hace
en contra del hombre.[111]

Pintar es una forma de oración al mismo tiempo que de
grito. Es casi una actitud fisiológica, y la más alta
consecuencia del amor y de la soledad.[112]

El arte cubre la vida. Es una forma de amar.[113]

OSWALDO GUAYASIMÍN

Nada es tan natural como pintar lo que no hemos
logrado.[114]

Pinto autorretratos porque estoy sola tan frecuentemente
que soy la persona que conozco mejor.[115]

FRIDA KAHLO

El artista es tanto testigo como parte.[116]

ANTONIO MARTORELL

Cuando pinto acaricio lo que hago.[117]

JOAN MIRÓ

El arte del Nuevo Mundo no puede nacer de las viejas tradiciones del Viejo Mundo ni en las tradiciones aborígenes representadas por los restos de nuestros antiguos indígenas... cada nuevo ciclo debe de funcionar para sí, debe de crear, debe producir lo suyo.[118]

JOSÉ CLEMENTE OROZCO

El artista sublimiza la materia.[119]

GUILLO PÉREZ

Hay pintores que transforman el sol en un punto amarillo, pero hay otros que, gracias a su arte y su inteligencia, transforman un punto amarillo en el sol.[120]

En mi opinión buscar no significa nada en la pintura. La cosa es encontrar.[121]

Me opongo al uso de la palabra anarquía en conexión con mi trabajo, úsela quien la use. No soy un anarquista ni nunca lo he sido. Mi trabajo es constructivo. Estoy construyendo, no destruyendo.[122]

Un cuadro sin terminar permanece vivo, peligroso. Un cuadro terminado es un trabajo muerto, asesinado.[123]

El gusto es el enemigo de la creatividad.[124]

~

El arte es una mentira que nos hace darnos cuenta de la verdad.[125]

PABLO PICASSO

Yo sostengo que la estructura del arte es semejante a la de los chistes; ambas nos asaltan por sorpresa.[126]

LILIANA PORTER

El arte siempre ha sido usado por las distintas clases sociales que tienen el balance del poder como instrumento... no hay forma de arte que no tenga un rol político esencial.[127]

~

Frida es el único ejemplo en la historia del arte de una artista que se abrió el pecho y el corazón para revelar el nacimiento biológico de sus sentimientos.[128]

~

Un artista es, sobre todo, un ser humano, profundamente humano hasta el fondo de su ser. Si el artista no puede sentir todo lo que la humanidad siente, si el artista no es capaz de amar hasta que se olvida de sí mismo y se sacrifica a sí mismo si es necesario, si no guarda su pincel mágico y encabeza la lucha contra el opresor, entonces no es un gran artista.[129]

DIEGO RIVERA

No trasmito mensajes, pinto simplemente lo que siento.[130]

AURELIO SUÁREZ

ASTUCIA

....

Todo tiene su punto débil, y lo primero que hago es descubrir donde está y le lanzo el mayor obús o bala que tengo y repito la dosis hasta que funciona.[131]

DAVID G. FARRAGUT

Encontrar el punto débil de cada uno: este es el arte de mover las voluntades. Es más una destreza que determinación. Es saber por dónde se ha de entrar a cada uno. Primero hay que conocer el carácter, después tocar el punto débil, insistir en él, pues infaliblemente se quedará sin voluntad.[132]

BALTASAR GRACIÁN Y MORALES

Los tontos son cómplices de todos los delitos del astuto.[133]

EUGENIO MARÍA DE HOSTOS

El engaño y la astucia sólo son propios de los débiles.[134]

LUCIO ANNEO SÉNECA

Más vale maña que fuerza.[135]

MANUEL TAMAYO Y BAUS

ATRIBUTOS FÍSICOS

Sólo las mujeres de tamaño pequeño podemos en ocasiones volvernos enormes.[136]

VICTORIA ABRIL

No soy monedita de oro pa' caerle bien a todos, así nací y así soy, si no me quieren, ni modo. Soy feo, negro, logrado con indio, no soy así refinadito, soy un poco tosco, ¿Qué culpa tengo yo? Ése soy yo, no voy a cambiar.[137]

HUGO CHÁVEZ

No comprendo porque para ser cantante de ópera tienes que ser feo y para ser un símbolo sexual tienes que ser un idiota.[138]

JOSÉ CURA

¿A quién no le gusta un fondillo bonito?[139]

CAMERON DIAZ

Mi cintura es del tamaño del cuello del cura.[140]

> **María Félix**

Son míos porque los pagué.[141]

> *Comentando sobre sus senos.*
> **Catherine Fullop**

Amo mi cuerpo pues es parte de muchas generaciones de mujeres en mi familia.[142]

> **Jackie Guerra**

Soy de baja estatura, pero no pequeña.[143]

> **Salma Hayek**

Sin mi pelo nadie me miraría dos veces.[144]

> **Rita Hayworth**

Soy un tipo flaco en camiseta.[145]

> **Julio Iglesias**

Si me estiro la cara otra vez me van a quedar las orejas en la nuca.[146]

> **Mario Kreutzberger, "Don Francisco"**

Estar en buenas condiciones físicas... para mí no significa necesariamente estar flaca. Estar en buenas condiciones quiere decir estar contenta y saludable. Quiere decir cuidarse.[147]

Amo mi cuerpo. De verdad que me encantan mis curvas. Son todas mías y a los hombres le encantan.[148]

JENNIFER LOPEZ

Mi imagen es mi interrupción. Yo vivo con mí ser; en mi imagen muere mi ser.[149]

EDUARDO MALLEA

Yo adoro mis caderas y ¡son grandes! Me encanta vérmelas en faldas o *jeans* ajustados que las marquen. Me hacen sentir súper-femenina. Si quieren psicoanalizarlo supongo que las caderas grandes representan fertilidad.[150]

EVA MENDES

Mi imagen, la que veis los demás, no es.[151]

RICARDO E. MOLINARI

Amo mi cuerpo ¡porque es el único que tengo![152]

CHITA RIVERA

A los cincuenta años cada uno tiene la cara que se merece. Sobre ella han ido lenta, pero inexorablemente, dejando sus huellas los sentimientos y las pasiones, los afectos y los rencores, la fe, la ilusión, los desencantos, la muerte que vivimos o presentimos, los otoños que nos entristecieron o desalentaron, los amores que nos hechizaron, los fantasmas que nos visitaron.[153]

ERNESTO SÁBATO

¿Por qué lo están quitando? ¡Si es tan guapo![154]

Sobre su hijo Felipe al ser quitado
del billete de 10.000 pesetas.
S.M. SOFÍA DE GRECIA,
REINA DE ESPAÑA

Tengo estos círculos oscuros debajo de los ojos desde los 14 años. Cuando estaba en el instituto lo achacaban a que era un drogadicto. Tengo ojeras y punto, ni me llevo bien ni mal con ellas. No me miro mucho al espejo.[155]

BENICIO DEL TORO

Yo sé cómo hacer que cada parte de mi cuerpo parezca diferente de lo que es. Yo puedo hacer que mis ojos y mis labios parezcan más grandes con solo bajar el mentón... A través de la fotografía se puede manipular todo.[156]

CHRISTY TURLINGTON

AUDACIA

Atrévanse a probar cosas nuevas.[157]

MARÍA CONCHITA ALONSO

Me arrepiento de no haber mandado a la porra a más de una persona que se lo mereció. En este aspecto he sido muy poco audaz.[158]

CONCHA GARCÍA CAMPOY

El hombre de pensamiento descubre la verdad, pero quien goza de ella y utiliza sus celestiales dones es el hombre de acción.[159]

BENITO PÉREZ GALDÓS

AVARICIA

Lo propio pierde quien lo ajeno busca.[160]

GABRIEL ÁLVAREZ DE TOLEDO

No existe avaro tan afortunado al que entierren con sus dineros ni familiares tan mentecatos que lo hagan.[161]

ALONSO FERNÁNDEZ TRESGUERRES

Los españoles parecían estar encantados, tomaban el oro como monos, sus caras coloradas. Claramente, su sed por el oro era insaciable; pasaban hambre por él; lo codiciaban; querían llenarse de él como si fueran cerdos. Tocaban y manoseaban las serpentinas de oro, pasándoselas entre ellos, uniendo una a la otra, balbuceando, hablando galimatías entre sí.[162]

BERNARDINO DE SAHAGÚN

Érase una gallina que ponía
un huevo de oro al dueño cada día.
Aun con tanta ganancia mal contento,
quiso el rico avariento
descubrir de una vez la mina de oro,
y hallar en menos tiempo más tesoro.
Matóla, abrióla el vientre de contado;
pero, después de haberla registrado,
¿Qué sucedió? Que muerta la gallina,
perdió su huevo de oro y no halló la mina.
¡Cuántos hay que teniendo lo bastante
enriquecerse quieren al instante,
abrazando proyectos
a veces de tan rápidos efectos
que sólo en pocos meses,

cuando se contemplaban ya marqueses,
contando sus millones,
se vieron en la calle sin calzones![163]

FÉLIX MARÍA SAMANIEGO

BELLEZA

La belleza tiene siempre algo maravilloso e inesperado. Me fascinan principalmente los personajes expresivos, alguna imperfección y las caras que no se ven a diario.[164]

La belleza es algo efímero, desgraciadamente para los guapos y afortunadamente para los feos.[165]

PEDRO ALMODÓVAR

No hay nada bello, intensamente bello, en que no floten brumas de tristeza. No hay nada triste, intensamente triste en que no exista un soplo de belleza.[166]

NEMESIO R. CANALES RIVERA

La belleza es el espíritu. Es la paz que se genera dentro y se refleja en el físico.[167]

ITATÍ CANTORAL

La belleza es otra forma de la verdad.[168]

ALEJANDRO CASONA

Todo lo hermoso tiene su instante, y pasa.[169]

LUIS CERNUDA

No deberíamos definir o darle un nombre a la belleza.[170]

PENÉLOPE CRUZ

Quien busca la belleza en la verdad es un pensador; quien busca la verdad en la belleza es un artista.[171]

JOSÉ DE DIEGO

La belleza del mundo es más duradera que el dolor humano.[172]

JUAN GOYTISOLO

Hay que buscar que la belleza sea intelectual y espiritual, no sólo física.[173]

LUPITA JONES

La mujer ha alcanzado posiciones muy importantes en que la belleza es una tarjeta de presentación, mas no lo es todo.[174]

ALICIA MACHADO

Si tú me miras, yo me vuelvo hermosa.[175]

GABRIELA MISTRAL

Tendemos a atribuir a la belleza virtudes ajenas a lo meramente físico, como si los seres hermosos en la carne tuvieran que serlo también en el espíritu.[176]

ROSA MONTERO

La belleza es peligrosa.[177]

Conviene saber que [la belleza] no sirve para abrir puertas, sino ventanas.[178]

CARMEN POSADAS

CAMBIO

Es muy simple lograr que un cambio perdure. Hay que involucrar a las personas que van a hacer los cambios.[179]

RAMÓN C. CORTINES

Tengo la absoluta convicción de que el hombre nunca va a cambiar y que, salvo matices de conducta según cada época, expresa de diferentes modos la misma condición.[180]

FEDERICO LUPPI

Conforme pasa el tiempo las heridas van sanando poco a poco y el ser humano se acostumbra a los cambios de la vida.[181]

PILAR MONTENEGRO

Cuando uno empieza a aceptarse es cuando comienza a amarse.[182]

PAOLA REY

CARIDAD

Mi padre me enseñó que uno tiene que dar de vuelta lo que Dios le da a uno. Creo que los humanos tenemos que concentrarnos más en dar.[183]

EMILIO ESTEFAN

La caridad tiene ocho peldaños. El más alto es cuando usted ayuda a un hombre a ayudarse a sí mismo.[184]

MAIMÓNIDES

Celos

Si hay amor, hay celos: los celos acompañan
inevitablemente al hecho del amor. Y son un sentimiento
atroz que causa muchas muertes.[185]

VICENTE ARANDA

Es propia condición del celoso parecerle magníficas y
grandes las acciones de sus rivales.[186]

MIGUEL DE CERVANTES SAAVEDRA

Celos son hijos del amor, mas son bastardos, te
confieso.[187]

FRAY FÉLIX LOPE DE VEGA CARPIO

Y mi ardiente pasión murió de frío;
que así muere el amor cuando no hay celos.[188]

ANTONIO GARCÍA GUTIÉRREZ

CINE

Cada vez que hago una película me pregunto, "¿Cómo es que normalmente se filma esta escena? ¿Y si la hiciéramos al revés"?[189]

El cine era un refugio temporero en un mundo de fantasía, lejos de la dura realidad en la que vivíamos.[190]

NÉSTOR ALMENDROS

Mi intención no es de causar estupefacción. Es más importante para mí contar el tipo de relato que me gusta del modo que me gusta.[191]

PEDRO ALMODÓVAR

Sigo pensando que una película es un viaje. Es un vehículo para comunicar cosas al espectador por la vía de las emociones.[192]

Mi cine no es un cine de respuestas sino de preguntas.[193]

ALEJANDRO AMENÁBAR

Soy muy metódica en mi trabajo, pero a la misma vez lo que me encanta del mundo es que no siempre tiene que tener sentido. Sin embargo, dentro de la cámara, es donde estas cosas se juntan.[194]

ISABEL COIXET

Detrás de cada persona con la que te cruzas por la calle hay una película. Y si te propones seguirla, la ves.[195]

JOSÉ CORBACHO

El cine es un vehículo de expresión pero no estoy seguro si es un arte.[196]

FERNANDO FERNÁN GÓMEZ

Estoy aquí para tentar los corazones masculinos. De quince películas en aproximadamente trece he estado o nadando o en un baño. Mi estudio le da al público valor por su dinero.[197]

MARÍA MONTES

No podría separar el cine de mi vida: cada película responde a unas necesidades mías.[198]

CARLOS SAURA

CONFIANZA

Lo que digan los demás o lo que piensen de ti no es lo más importante. Lo que verdaderamente importa es lo que llevas en el corazón.[199]

PADRE ALBERTO CUTIÉ

Quiero hacer más, pero temo que no importa lo que yo haga, nunca será suficiente. Tengo que aprender a no preocuparme por agradar a todo el mundo… es difícil que no te importe lo que piensan los demás.[200]

JOSÉ CANSECO

La gente me pregunta que si duermo bien por la noche con tanta competencia. Les digo que duermo como un bebé, me despierto cada dos horas y lloro.[201]

ROBERTO GOIZUETA

La duda es el elemento más interesante de la vida. Cuando veas a alguien que está muy seguro de sí mismo, que lo sabe todo, o eso parece... huye de él.[202]

MIGUEL NÚÑEZ

Yo sé dos cosas en la vida: nada es seguro. Y tienes que confiar que tus pies van a encontrar terreno sólido. Tienes que seguir moviéndote y confiando en cada paso.[203]

MARTIN SHEEN

La confianza en sí mismo a veces puede ser muy estúpida. Como dijo alguien una vez: sólo los tontos se sienten seguros.[204]

BENICIO DEL TORO

CONOCIMIENTO

El conocimiento pertenece a la humanidad y no al individuo o a la nación que lo desarrolla o lo posee.[205]

JOSÉ FIGUERES FERRER

Un hombre sin conocimientos es un mundo a oscuras.[206]

BALTASAR GRACIÁN Y MORALES

Más vale cosas inútiles que no saber nada.[207]

LUCIO ANNEO SÉNECA

CORTESÍA

Una de las leyes fundamentales de la cortesía es la resistencia al primer impulso.[208]

NOEL CLARASÓ

¡La cortesía es tan bonita![209]

FEDERICO GARCÍA LORCA

CULTURA

Los pobres en El Salvador son la mayoría y son los herederos de la cultura mesoamericana, la cual fue tan poderosa en su época. Se mantienen marginados pero son imposibles de destruir.[210]

MANLIO ARGÜETA

La madre del decoro, la savia de la libertad, el mantenimiento de la República y el remedio de sus vicios, es, sobre todo lo demás, la propagación de la cultura.[211]

JOSÉ MARTÍ

La cultura de verdad —no la de cateta de cabrada campanario— significa ciudadanía responsable y libertad, y que al imbécil o al malvado que no desea ser culto, hay que hacerlo culto y libre, primero con persuasión y luego, si no traga, dándole hostias hasta en el cielo de la boca.[212]

ARTURO PÉREZ-REVERTE

La cultura se convierte en una de esas bolsas de aire que mantienen al margen la guerra.[213]

LAURA RESTREPO

La cultura está entre los cuernos de este dilema: si es profunda y noble debe ser poco común, y si es popular tendrá que ser inferior.[214]

GEORGE SANTAYANA

Cultura es poesía de la conducta y música del espíritu según la ley del cristiano.[215]

JOSÉ VASCONCELOS

DANZA

La danza es algo que lleva el ser humano dentro; mientras exista un ser humano dentro, existirá la danza.[216]

ALICIA ALONSO

Ya no hay divos en la danza.[217]

Bailar es como hacer el amor. ¡Siempre es distinto![218]

JULIO BOCCA

Mi cumpleaños está entre el de Nijinski y el de Nureyev.[219]

FERNANDO BUJONES

Para mí bailar es la forma perfecta de expresión. A veces las palabras no son suficientes, pero la danza siempre lo es.[220]

Cuando entro en escena todo desaparece, es como enamorarte, es como un día de primavera donde respiras y te entra en los pulmones toda esa alegría, es algo que te llena el espíritu.[221]

ÁNGEL CORELLA

Sólo hay un modo de sentir el flamenco. Si estás sintiendo algo diferente, no lo llames flamenco.[222]

FARRUQITO

No vives para la danza, sino que la vida te hace danzar. Se olvida que el baile no es un ejercicio, el baile es un estado anímico que sale a través de un movimiento.[223]

ANTONIO GADES

Bailar es un arte y el arte no es cuestión de entender sino de sentir. La emoción tiene que estar ahí, porque cuando sólo hay técnica, todo resulta muy aburrido.[224]

CONCHA GARCÍA CAMPOY

Las clases son como el momento de reflexión y el momento de encontrarme conmigo misma, de tener mi espacio. Para mí es un placer. Me encanta poder ponerme en contacto con mi cuerpo y con la música.[225]

PALOMA HERRERA

Deportes

Yo les miro a los ojos, les doy la mano, les palmeo la espalda, les deseo suerte pero al mismo tiempo pienso: "Te voy a derrotar".[226]

SEVE BALLESTEROS

El boxeo es el mundo del espectáculo con sangre.[227]

DAVID BELASCO

Deporte: yo creo que habría que inventar un juego en el que nadie ganara.[228]

JORGE LUIS BORGES

Quiero ser recordado como un jugador de pelota que dio todo lo que podía dar.[229]

Para ganar hay que jugar como una familia.[230]

ROBERTO CLEMENTE

Me gritan antes de las carreras y me gritan después de las carreras. Pero le apuestan a mis caballos. En el fondo del alma saben que si les quedaran dos dólares y tuvieran que apostarlos a alguien, me los apostarían a mí.[231]

ÁNGEL CORDERO

Una vez que un piloto de auto de carrera se pone el casco… no hay tal cosa como un piloto femenino o masculino. Todo el mundo es corredor de carros. Yo los veo a todos como competidores, y haré todo lo posible por ganarles.[232]

MILKA DUNO

Perder no es tan malo. O sea, ya ganamos seis campeonatos seguidos. ¿Qué más puedo pedir?[233]

Al perder el torneo U.S. Open en 1993 en competencia doble.

GIGI FERNÁNDEZ

Si no lo tiras no lo pueden coger.[234]

VERNON LUIS "LEFTY" GÓMEZ

Yo era un niño pequeño que peleaba mucho en la calle y salía golpeado.[235]

OSCAR DE LA HOYA

He sacrificado mi vida, como otras muchas compañeras, lo he dado todo por mi país a nivel deportivo. ¿Y qué recibimos a cambio? En mi caso nada. Intentas rehacer tu vida y a la hora de la verdad todos miran hacia otro lado.[236]

TANIA LAMARCA

Por mucha imagen que tengas, si no ganas, no te quiere nadie.[237]

FELICIANO LÓPEZ

Hacer un sacrificio siempre tiene una recompensa, ahora tengo más de lo que esperaba.[238]

A veces me pregunto por qué juego golf si me gustan tanto los deportes de aventura, sin embargo, el golf es más completo, es más difícil tener buenos resultados y me gusta el reto de controlar tu mente.[239]

LORENA OCHOA

Enséñame a un golfista que no tenga una veta cruel y te enseñaré un competidor débil.[240]

En lo que se refiere al golf, lo hice todo yo solo. No le debo a nadie como yo juego. Eso es lo que me da más satisfacción.[241]

LEE TREVINO

DERROTA

Hay derrotas que tienen más dignidad que una victoria.[242]

JORGE LUIS BORGES

Muchas veces en mi vida pensé que no podía perder ni un solo juego... nada es tan importante como una paliza en el momento adecuado, de pocos juegos ganados he aprendido tanto como lo he hecho de la mayoría de mis derrotas.[243]

José Raúl Capablanca

Y sobre estar preparado para la derrota, yo no lo estoy. Cualquier hombre que está preparado para la derrota antes de comenzar ya esta medio vencido. Yo espero el éxito, trataré de hacer todo lo que está en mi poder para lograrlo y el resto lo confiaré en Dios.[244]

David G. Farragut

Toda derrota es odiosa, y si es sobre el jefe, o es necia o es fatal. Siempre fue odiada la superioridad, y más por los superiores. Será fácil hallar quien quiera ceder en éxito y en carácter, pero no en inteligencia, y mucho menos un superior. A los jefes les gusta ser ayudados, pero no excedidos.[245]

Baltasar Gracián y Morales

Una derrota peleada vale más que una victoria casual.[246]

José de San Martín

DESESPERACIÓN

Cuando una persona llega a la prostitución es porque realmente tuvo que hacerlo, porque se agotaron todas las otras posibilidades.[247]

ANITA ALVARADO

La acción es el antídoto de la desesperación.[248]

JOAN BAEZ

El mayor pecado de los hombres es el de la desesperación, por ser pecado de demonio.[249]

MIGUEL DE CERVANTES SAAVEDRA

DESTINO

Yo creo que cada hombre nace con su destino y el destino mío fue ser un exiliado.[250]

MIGUEL ÁNGEL ASTURIAS

Si pudiésemos encontrar el valor de dejar nuestro destino al azar, de aceptar el misterio fundamental de nuestras vidas, entonces quizás nos encontraríamos más cerca de esa felicidad que viene con la inocencia.[251]

LUIS BUÑUEL

Yo creo firmemente en que hay algo por ahí que hace que las cosas ocurran de una determinada manera y que inexorablemente nos lleva al sitio que nos está predestinado.[252]

ROCÍO JURADO

Eres el autor de una historia continua que te cuentas a ti mismo.[253]

MIGUEL RUIZ

El destino guía a quien de grado le sigue; al díscolo lo arrastra.[254]

LUCIO ANNEO SÉNECA

DIFICULTAD

No entres donde no puedes libremente salir.[255]

MATEO ALEMÁN

Dificultad

Ser director de cine en España es como ser torero en el Japón.[256]

PEDRO ALMODÓVAR

Las etapas duras son las que promueven el crecimiento espiritual de las personas.[257]

MARÍA CELESTE ARRARÁS

La vida está llena de pruebas y las pruebas son las que nos definen como seres humanos.[258]

LUIS FONSI

A veces pensamos que estamos pasando el peor momento de nuestras vidas y que nadie la esta pasando peor, pero siempre hay alguien en peor situación que uno.[259]

JULIO IGLESIAS, JR.

Todo el mundo se topa con obstáculos. Si un camino está cerrado, toma otro.[260]

KATHERINE ORTEGA

DIGNIDAD

....

Un hombre tiene que tener siempre el nivel de la dignidad por encima del nivel del miedo.[261]

EDUARDO CHILLIDA

Los que insisten en la dignidad de sus cargos demuestran que no se la han merecido.[262]

BALTASAR GRACIÁN Y MORALES

El que quiere ser digno lo es.[263]

JOSÉ LUIS SAMPEDRO

Nuestra dignidad reside no en lo que hacemos, sino en lo que entendemos.[264]

Quizás la única dignidad humana es la capacidad del hombre a despreciarse.[265]

GEORGE SANTAYANA

DINERO

El dinero calienta la sangre y la vivifica.[266]

MATEO ALEMÁN

Gran pena es al pobre procurar lo que le falta y también es muy gran trabajo al rico guardar lo que le sobra.[267]

FRAY ANTONIO DE GUEVARA

El principal consejo que puedo darle a aquellos que llegan a este país es que no se olviden del crédito, este país funciona así. Si haces un buen crédito eres una persona y puedes tener muchas cosas.[268]

FERNANDO ARAU

El dinero no puede hacer que seamos felices, pero es lo único que nos compensa de no serlo.[269]

JACINTO BENAVENTE

La gente piensa que tú cambias cuando empiezas a ganar un millón de dólares. Pero lo que cambia es la gente alrededor tuyo y sus expectativas.[270]

JOSÉ CANSECO

A través de la pelota pude escapar de la pobreza.[271]

ORLANDO "PERUCHÍN" CEPEDA

Cuidados acarrea el oro y cuidados la falta de él.[272]

Un asno cargado de oro sube ligero por una montaña.[273]

MIGUEL DE CERVANTES SAAVEDRA

Todo el mundo cuenta cómo ganó sus primeras cien pesetas; nadie cuenta cómo ganó el último millón.[274]

NOEL CLARASÓ

El dinero no puede comprar el buen gusto.[275]

ESTEBAN CORTÁZAR

Te acostumbras enseguida a lo bueno.[276]

ROCÍO DÚRCAL

Hay gente en este mundo con vista que no hace nada por los pobres. Eso es ser ciego para mí.[277]

JOSÉ FELICIANO

El dinero es tan vulgar y tan corriente, que hasta un ignorante como yo ha logrado tenerlo.[278]

VICENTE FERNÁNDEZ

El capitalismo, a pesar de sus limitaciones, continúa siendo el sistema más efectivo inventado por el hombre para estimular la producción de la riqueza, y la democracia continúa siendo el único sistema político de gobierno que garantiza la libertad individual.[279]

LUIS A. FERRÉ

Lo que más odio de nuestro mundo es la divinización del dinero.[280]

ANTONIO GALA

La imaginación, como el dinero, puede transformar las falsedades en verdades.[281]

CRISTINA GARCÍA

Yo sé que la palabra más bonita en el mundo es "dinero". Pero creo que palabras como "lealtad" y "patriotismo" son muy bellas también.[282]

ORLANDO "EL DUQUE" HERNÁNDEZ

El dinero lo ganan aquellos que con paciencia y fina observación van detrás de los que lo pierden.[283]

BENITO PÉREZ GALDÓS

El arte es un producto vendible. Si yo quiero obtener la mayor cantidad de dinero posible por mi arte es porque sé lo que quiero hacer con él.[284]

PABLO PICASSO

Nos fuimos a la ciudad de Corpus Christi cuando yo tenía seis años y medio para poder poner comida en nuestra mesa. Tocábamos música en las bodas.[285]

SELENA QUINTANILLA

A los catorce años comencé a trabajar en la misma factoría que mi madre… me enseñó a que ahorrara un tercio de mis ingresos, que gastara un tercio en mis gastos escolares y que le diera un tercio a ella para ayudarla con la renta.[286]

MARÍA ELENA SALINAS

Abrí los ojos en la miseria y me crié en la miseria.[287]

AUGUSTO SANDINO

Mi sueño es el de Picasso: tener mucho dinero para vivir tranquilo como los pobres.[288]

FERNANDO SAVATER

Compra solamente lo necesario, no lo conveniente. Lo innecesario aunque cueste sólo un céntimo, es caro.[289]

La mejor medida para el dinero es aquella que no deja caer en la pobreza ni permite alejarse de ella.[290]

LUCIO ANNEO SÉNECA

El éxito financiero no siempre se mide en dólares y centavos, la verdadera riqueza está en el tiempo libre que logras una vez que tu situación financiera mejora.[291]

JULIE STAV

Mi madre hizo de todo para mantenernos, desde manejar un elevador, ser operadora telefónica y envolver regalos. Me dio un sentido del valor del dinero. No tengo la ilusión que te compra la felicidad.[292]

DAPHNE ZUNIGA

DISCIPLINA

....

[El secreto de mi éxito] es la fórmula "D". Mis tres "D" son: la dedicación, la disciplina y el deseo.[293]

OSCAR DE LA HOYA

Para escribir más que inteligencia, más que talento, más que ideas (aunque de todo esto hace falta) lo que se requiere es mucho, mucho tesón y mucha disciplina.[294]

CARMEN POSADAS

Mis puntos fuertes son la disciplina y el perfeccionismo. Quienes no los tienen dicen que son puntos débiles.[295]

Un arma que garantiza el éxito es la disciplina.[296]

SHAKIRA

DISCRIMINACIÓN

Ser mujer es siempre difícil. La discriminación es menor, sí, pero la que queda es la peor, la de actitudes, la que no se puede evitar. Se nota en detalles sutiles, en bromas...[297]

ISABEL AGUILERA

La responsabilidad de la discriminación de las deportistas femeninas es una combinación entre la idea empresarial de que el hombre vende más que la mujer, y el abandono al que tienen sometidas a las deportistas los medios de comunicación.[298]

MARTA DOMÍNGUEZ

La discriminación no es tan patente como era antes. Ya no hay ciertos ómnibus que no podemos montar, bares a los cuales no podemos entrar, casas que no podemos alquilar. Ya no hay letreros que digan "Prohibida la entrada", pero total, que quizás debería haberlos.[299]

GLORIA MOLINA

Desde cuando sentí la discriminación racial en carne propia y dejé de creer en la historia oficial de los conquistadores, me resistí a compartir el racismo existente en nuestro país, donde la mayoría de los indígenas y negros no comparten la mesa del patrón.[300]

VÍCTOR MONTOYA

DROGAS

Tómame, soy la droga, tómame soy alucinógeno.[301]

SALVADOR DALÍ

Nadie dejó de pensar en esas experiencias sicodélicas. Una vez has estado en algunos de esos lugares, piensas, "¿Y cómo podría regresar ahí de nuevo pero esta vez haciéndomelo más fácil?"[302]

JERRY GARCIA

Todos sabemos que un aspecto crítico de la guerra contra las drogas es la participación de la comunidad. Estudio tras estudio demuestra que la influencia más importante en el crimen comunitario es la disposición de los vecinos de actuar para el beneficio de todos.[303]

ALBERTO GONZALES

Ni el tabaco ni la droga matan, ninguna droga mata si no la tomas.[304]

FERNANDO SAVATER

EDAD

· · · · · · · · · · · · · · · ·

Cuando somos jóvenes vivimos más implicados hacia los otros. En cambio, en la vejez hay un ensimismamiento: dejas de enajenarte o vivir en lo ajeno. Puede ser una etapa fructífera y generosa.[305]

JOSEFINA ALDECOA

Edad

Da más madurez, a veces más serenidad y paciencia. En ocasiones da más lucidez, porque uno no ve nada más las cosas con los ojos del presente sino con los del pasado… el cuerpo es la meseta donde se apoyan las cosas del espíritu.[306]

Sobre la edad.
Mario Benedetti

La juventud reside en la capacidad de riesgo, de apuesta y de intensidad. Si tienes una naturaleza que es de correr, tal vez el tiempo no te alcance.[307]

Miguel Bosé

Soy un viejo, pero en muchos sentidos soy un hombre muy joven. Y esto es lo que quiero que ustedes sean, joven, joven toda la vida y que digan verdades.[308]

Pablo Casals

Hay tantas cosas bellas que hoy en día no son consideradas bellas. La edad es una. Yo veo mujeres trabajando conmigo como *extras* en las películas. Pueden tener noventa años pero son tan bellas que no puedo dejar de mirarlas.[309]

Penélope Cruz

Juventud divino tesoro,
¡Ya te vas para no volver!
Cuando quiero llorar no lloro...
Y a veces lloro sin querer.[310]

Rubén Darío

Saber envejecer es un arte.[311]

Plácido Domingo

Me considero muy joven. Yo verdaderamente creo que en el mundo de hoy una mujer de 51 años es una criatura.[312]

Daisy Expósito-Ulla

Ser joven no es tener pocos años. Es conservar viva la ilusión en el alma y despierta la capacidad en el espíritu para soñar; es vivir con intensidad y lleno de fe el corazón.[313]

Luis A. Ferré

Digan lo que digan, la plenitud de un cantante está en la treintena.[314]

Juan Diego Flórez

Es mejor tener sesenta años y sentirse joven que treinta y sentirse viejo.[315]

Julio Iglesias

Con los años, los humanos nos solemos ir achicando por dentro.[316]

ROSA MONTERO

Yo no creo en la edad, creo en la vida.[317]

SARA MONTIEL

Con la edad, sabes exactamente quién eres, lo que quieres y, lo mejor, es que te das cuenta de que puedes obtenerlo.[318]

ROSIE PEREZ

La edad es un concepto relativo, porque para la vida espiritual ser joven o viejo no tiene mucho significado.[319]

CARLOS SANTANA

La edad se descubre más cuando se disimula con arte.[320]

LUCIO ANNEO SÉNECA

La edad es maravillosa, el cuerpo es como un puente que utiliza el espíritu para poder crecer.[321]

DIEGO VERDAGUER

EDUCACIÓN

Mi abuela solía decir, "Te pueden quitar tus ropas, te pueden quitar tu casa, te pueden quitar tu vida, pero la educación que tienes no te la pueden quitar".[322]

TONY ANAYA

El gobierno simplemente no va a poder proveer trabajos para todos, educación para todos, seguros de salud para todos. La respuesta es educar a la gente.[323]

HERMAN BADILLO

La educación es al hombre lo que el molde al barro. Le da forma.[324]

JAIME BALMES

La mayor parte de la gente confunde la educación con la instrucción.[325]

SEVERO CATALINA

Tenemos que infundirle a nuestras escuelas los ingredientes que son esenciales en cualquier empresa —espíritu empresarial y responsabilidad.[326]

LAURO CAVAZOS

El día que alguien deja la escuela se está condenando a un futuro de pobreza.[327]

JAIME ESCALANTE

La educación tiene que estimular el desarrollo de la capacidad creadora del ser humano y su devoción a los valores del espíritu. La educación debe forjar también ciudadanos de integridad moral con voluntad de servicio a la comunidad. La educación debe inspirarse en un exigente sentido de excelencia.[328]

El adoctrinamiento es lo opuesto a la enseñanza. Es sustituir el fanatismo, que es pasión, por el análisis, que es educación.[329]

LUIS A. FERRÉ

Cada individuo es el producto de dos factores: la herencia y la educación.[330]

JOSÉ INGENIEROS

La gente se equivoca viendo a gente como Jennifer Lopez y Andy García. No todo es siempre como parece. Tienes que educarte porque no hay garantía alguna que te vas a ganar la vida como actor.[331]

RITA MORENO

Yo aprendí que existe una sabiduría entre la gente de los pueblos y el campo que la educación puede avanzar, pero no puede mejorar. Yo les enseñe mucho, pero ellos me enseñaron más.[332]

Luis Muñoz Marín

Nuestro padre nos preguntó que si queríamos recoger algodón, o ir a la escuela. Le contestamos, "a la escuela por favor".[333]

Refiriéndose a cuando su padre la puso a ella y a
sus dos hermanas a recoger algodón por una semana.

Irma Rangel

Egoísmo

El amor tiende a ser posesivo e invasor. Pero hay que contenerse. El amor propio puede llegar a ser el mayor enemigo del amor.[334]

Antonio Gala

Y el gran lazo que la sostiene (a la sociedad) es, por una incomprensible contradicción, aquello mismo que parecería destinado a resolverla: es decir el egoísmo.[335]

Mariano José de Larra

Cada persona está más interesada en su propio bienestar que en el de ninguna otra persona.[336]

ANA MARÍA O'NEILL DE MILÁN

Distingo entre el amor, que es entrega, y el enamoramiento, que es puro egoísmo: uno busca una imagen de sí mismo maravillosa.[337]

MERCEDES SALISACHS

La intolerancia es una forma de egoísmo y condenar el egoísmo intolerantemente es compartirlo.[338]

GEORGE SANTAYANA

EMOCIONES

El truco es lo que uno enfatiza. Nos hacemos miserables a nosotros mismos o nos hacemos fuertes. La cantidad de trabajo es la misma.[339]

CARLOS CASTAÑEDA

Todos tenemos un poco de ángel y de diablo. Todos tenemos nuestro lado oscuro.[340]

PENÉLOPE CRUZ

Ya sé yo que la exageración es mala en todos los sistemas y puede llevar muy bien a la ridiculez.[341]

MANUEL FERNÁNDEZ CABALLERO

Nada me pone nervioso.[342]

ORLANDO "EL DUQUE" HERNÁNDEZ

Ojalá pudiera, pero no sé llorar y eso es muy jodido.[343]

MARÍA JIMÉNEZ

Discreción es... delicadeza. ¿No sientes una inquietud, un malestar íntimo, cuando los asuntos —nobles y corrientes— de tu familia salen del calor del hogar a la indiferencia o a la curiosidad de la plaza pública?[344]

SAN JOSEMARÍA ESCRIVÁ

A veces la mejor forma de demostrar liderazgo es simplemente estando tranquilo.[345]

ALEX RODRIGUEZ

No puedes pensar si estás enojado.[346]

EDWARD R. ROYBAL

Cada emoción que sientes es real. Es verdad. Proviene directamente de la integridad de tu espíritu.[347]

MIGUEL RUIZ

De vez en cuando es bueno echar un buen llanto.[348]

JAMIE-LYNN SIGLER

Siente el pensamiento, piensa el sentimiento.[349]

MIGUEL DE UNAMUNO Y JUGO

ENEMIGOS

¿Puede alguien decir que ha hecho algo interesante en la vida, que se ha enfrentado a algo sin tener enemigos?[350]

CONCHA GARCÍA CAMPOY

Al hombre sabio le son más útiles sus enemigos que al necio sus amigos.[351]

Oye a todos y de ninguno te fíes. Tendrás a todos por amigos, pero guardarte has de todos como enemigos. Aquí la virtud es perseguida, el vicio aplaudido, la verdad muda, la mentira trilingüe, el sabio no tiene un libro, y el ignorante librerías enteras.[352]

BALTASAR GRACIÁN Y MORALES

Los enemigos trabajan en la sombra de la traición.[353]

EVA PERÓN

Todos tenemos una cacería pendiente. Todos. Algunos, los pocos, atrapan a su presa; otros apenas la logran identificar; la mayoría sólo la ve pasar o la deja ir. Pero quien no atrapa a su león corre el riesgo de ser devorado por él.[354]

JORGE RAMOS

Es el peor enemigo el que aparenta
no poder causar daño, porque intenta,
inspirando confianza,
asegurar su golpe de venganza.[355]

FÉLIX MARÍA SAMANIEGO

ENVIDIA

No soy digno de envidia. Trabajo doce o catorce horas diarias para atender los compromisos adquiridos.[356]

VICENTE BLASCO IBÁÑEZ

Si eres feliz, escóndete. No se puede andar cargado de joyas por un barrio de mendigos. No se puede pasear una felicidad como la tuya por un mundo de desgraciados.[357]

ALEJANDRO CASONA

¡Oh, envidia, raíz de infinitos males y carcoma de las virtudes! Todos los vicios, Sancho, traen un no sé qué de deleite consigo; pero el de la envidia o tal, sino disgusto, rencores y rabias.[358]

MIGUEL DE CERVANTES SAAVEDRA

El odio y la envidia;
Ved qué terrible alianza.[359]

ANTONIO GARCÍA GUTIÉRREZ

Hermana legítima de la vanidad es la envidia.[360]

IGNACIO GUASP VERGARA

Tal vez a nadie por estas tierras le haya tocado desencadenar tantas envidias como a mi persona literaria.[361]

PABLO NERUDA

La envidia que me provocaron los grandes escritores fue un motor fundamental en mi vida.[362]

FERNANDO SAVATER

La envidia es mil veces más terrible que el hambre, porque es hambre espiritual.[363]

MIGUEL DE UNAMUNO Y JUGO

ESPERANZA

Tratamos de hallar tranquilidad mental en el mundo, en la fórmula, en el ritual. La esperanza es una ilusión.[364]

BENJAMÍN CARDOZO

En el mundo actual el hombre es el provocador de mi desesperanza; pero es también la única esperanza que me queda.[365]

ANTONIO GALA

Ninguna cosa hay que avive más las esperanza que la buena conciencia.[366]

FRAY LUIS DE GRANADA

La esperanza, viático de la vida humana.[367]

ANTONIO PÉREZ

¡Cuán grande es la locura de los que se forjan esperanzas a largo plazo![368]

LUCIO ANNEO SÉNECA

ESPIRITUALIDAD

Mientras nos olvidamos de ese sentido de lo sagrado y nos atrae más el mundo de lo material, perdemos contacto con un aspecto muy importante nuestro, quiénes somos como personas conscientes espiritualmente.[369]

RUDOLFO ANAYA

Busco mucho de Dios, de la paz que da la oración. Mi balance es mi familia, la armonía de mi hogar.[370]

CHAYANNE

Yo he tratado todo. He sido monaguillo, luego fui protestante, por poco me convierto en judío, casi me meto en la iglesia de la cientología, después me fui al hinduismo, al budismo, todo. Por eso hoy no soy nada… Creo en Dios. Dios hay uno; mensajeros, muchísimos.[371]

RICKY MARTIN

[Soy] una persona de fe, de Jesucristo, creo en su verdad y su palabra. Es mi protección, mi alimento.[372]

THALÍA

ÉXITO

El éxito no llega solo; es una mezcla de trabajo, suerte, talento, mucha humildad y voluntad de absorber como una esponja.[373]

JOSÉ CORBACHO

Mientras más éxito tienes más te van a salir los detractores, van a salir los críticos y van a salir las personas que quieren destruirte.[374]

MYRKA DELLANOS

Me di cuenta de que el éxito es un patrón de conducta. Es una manera de comportarse, sin importar el punto en que te encuentras en tu vida.[375]

Necesitamos encontrar cuál es la esencia de nuestras propias vidas y entonces vivir esa vida. Y eso puede ser un camino muy difícil. Quiere decir que vas a enfocar tu vida en las cosas que de verdad te van a satisfacer.[376]

FERNANDO ESPUELAS

Confía en Dios como si el éxito en tus asuntos dependiese solamente de Él, pero esfuérzate en resolverlos como si el éxito dependiese solamente de ti.[377]

SAN IGNACIO DE LOYOLA

Un listo se recupera del éxito, pero un tonto jamás.[378]

JULIO LLAMAZARES

[El secreto de mi éxito] es ser totalmente audaz y seguir para adelante no importando qué.[379]

CRISTINA SARALEGUI

Cuando alcances el éxito, no permitas que otras personas abusen de ti o de tu buena fortuna. Nunca lleves parásitos sobre tu espalda. Uno no le debe nada a nadie, sólo a sus padres.[380]

GLORIA TREVI

El éxito es algo que se logra cuando uno se conquista a sí mismo, siendo una persona de valor, lo demás viene por añadidura, pero la cuestión es ser mejor ser humano cada día.[381]

EDUARDO VERÁSTEGUI

EXPERIENCIA

¿De qué nos servirían nuestros errores si no nos
enseñaran a conocernos mejor, si no nos sirvieran
para rehacer nuestra vida, en vez de destrozárnosla
para siempre?[382]

JACINTO DE BENAVENTE

Tengo más experiencia, pero he descubierto lo difícil que
es no tener la misma energía; tengo más seguridad en mi
trabajo, pero tengo la desventaja de no poder ponerme
metas muy ambiciosas.[383]

MARIO KREUTZBERGER,
"DON FRANCISCO"

Es la experiencia de lo que es la madurez. Tú, por dentro,
sigues siendo la misma persona que cuando tenías veinte
años, pero esa otra persona se apodera de ti.[384]

MARÍA TENA

FAMA

....

Quiero dejar escrito que no he cultivado mi fama, que será efímera, y que no la he buscado ni alentado.[385]

JORGE LUIS BORGES

La fama está llena de trampas.[386]

PENÉLOPE CRUZ

Tengo muchos amigos que se encargan de ponerme en mi lugar. Te recuerdan que no eres nadie. Y la verdad es que a mí me interesa ser actor, no famoso.[387]

DIEGO LUNA

La fama es una enfermedad, una bomba atómica.[388]

ALICIA MACHADO

La transmisión genética es la vía más rápida de acceso a la fama.[389]

COTO MATAMOROS

La celebridad no tiene nada que ver con la permanencia.[390]

JUAN MANUEL DE PRADA

La literatura no da fama. Fama tienen los beisbolistas, los toreros, los Beatles, Marilyn Monroe... eso es fama, lo demás son pendejadas.[391]

RAFAEL RAMÍREZ HEREDIA

Mi éxito es bastante discreto. Mi éxito es amable, ni presuntuoso, ni avasallador. Una cosa es tener éxito, otra, ser famoso, y otra, ser querido u odiado.[392]

ALEJANDRO SANZ

Lo importante es que hablen de uno... aunque sea bien.[393]

MIGUEL DE UNAMUNO Y JUGO

FAMILIA

Uno debe hacer todo lo posible por ayudar a los suyos, pero nunca se debe permitir que los seres queridos abusen de uno.[394]

PADRE ALBERTO CUTIÉ

Mis padres tenían una opinión de la vida muy elevada y nos la inculcaron a mi hermano y a mí. Cuando dormíamos en la calle mi padre nos hizo ver que éramos unos privilegiados porque podíamos ver las estrellas y el amanecer.[395]

MONTSERRAT CABALLÉ

Cuando mi abuelita me hablaba, siempre me trataba de hacer comprender que se puede ser pobre con dignidad, que se puede ser una influencia positiva y educarse. Y ésta era una persona de ochenta y pico de años que no hablaba inglés y no tenía educación.[396]

RICHARD CARMONA

Antes de decir nada, quiero decirles algo en español a mi madre y a mi padre, "En este, el momento más grande de mi vida, les pido la bendición".[397]

A sus padres al ser seleccionado
el jugador más valioso.
ROBERTO CLEMENTE

Escupo por gusto en el retrato de mi madre.[398]

SALVADOR DALÍ

La familia es como una religión: hay que practicarla.[399]

ANDY GARCÍA

A mí, de verdad, quien me parió fue mi padre.[400]

JULIO IGLESIAS

Me he dedicado a todas las labores de mamá que son preciosas. Yo me considero a veces mejor mamá que cantante, mejor mamá que artista.[401]

LUCERO

Lo peor fue entrar a esta carrera, lo peor. Sí, porque ahí todo fue a parar al carajo, porque mis padres, que estaban separados desde hacía años, se dejaron de hablar y todo fue un desastre. Empezó a entrar dinero y se arrancaron los ojos.[402]

RICKY MARTIN

El logro más grande de un hombre es ser un gran padre y un buen hijo, no el tener fama y mucho dinero.[403]

EDWARD JAMES OLMOS

Lección de la gaviota: hay que volar a todos los vientos de todos los mares, pero hay que procrear en un nido.[404]

EUGENIO D'ORS

Picasso es muy grandioso, pero era más grandioso ante los ojos de los demás que de los míos.[405]

PALOMA PICASSO

Éramos muy devotas la una a la otra. Éramos como una sola persona. Soy sólo una extensión de mi madre. Me parezco a ella. Pienso como ella. Cada paso que hago en el escenario es para ella, bailo para ella.[406]

CHITA RIVERA

La familia es una de las obras maestras de la naturaleza.[407]

GEORGE SANTAYANA

Mis padres son mis mejores amigos.[408]

SHAKIRA

Cada vez que bateo un jonrón, me toco la boca con dos dedos y digo con mis labios, "Para ti, mami".[409]

SAMMY SOSA

Primero Dios, luego la familia. No se puede perder la perspectiva porque terminamos sin nada.[410]

EDUARDO VERÁSTEGUI

FELICIDAD

La manera de ser feliz es estar a gusto con lo que uno hace en cada momento.[411]

JOSEFINA ALDECOA

Así como la desgracia hace discurrir más, la felicidad quita todo deseo de análisis; por eso es doblemente deseable.[412]

PÍO BAROJA

La felicidad perfecta para mí es estar rodeado de una compañía maravillosa... o estar totalmente solo.[413]

MANOLO BLAHNIK

Felicidad es estar de acuerdo consigo mismo.[414]

LUIS BUÑUEL

Dichas que se pierden son las desdichas más grandes.[415]

PEDRO CALDERÓN DE LA BARCA

La felicidad es una opción.[416]

KATE DEL CASTILLO

Ninguna medicina cura lo que la felicidad no puede curar.[417]

GABRIEL GARCÍA MÁRQUEZ

La felicidad no existe. Es sólo una ilusión de la mente. Existe la plenitud de la vida. Hasta ahí. Hay que asumirlo de esa manera y entender que cada día podemos encontrar un momento de plenitud y satisfacción.[418]

PEDRO JUAN GUTIÉRREZ

La primera obligación del hombre es ser feliz y la segunda es hacer feliz a los demás.[419]

MARIO MORENO "CANTINFLAS"

Si no van a ser felices por sus esfuerzos propios, serán entonces felices a la fuerza, pero por Dios, serán felices.[420]

BERNARDO O'HIGGINS

No puedes dejar de pensar en ti para pensar en otra persona. No puedes hacer tu vida en torno a otra persona. No puedes tratar de hacer feliz a otra persona sin ser feliz tú.[421]

RAÚL OLIVO

La felicidad es esa tonta zanahoria que todos perseguimos, olvidando que no es un fin sino una consecuencia.[422]

CARMEN POSADAS

Para ser feliz hay que aprender a conocerse y a captar gratificaciones de varias parcelas de la vida.[423]

~

La felicidad es un estado de ánimo placentero que suele acompañar a la idea de que la vida merece la pena.[424]

LUIS ROJAS MARCOS

El que aspira fanáticamente a ser feliz se arriesga a ser muy desgraciado, porque no lo va a conseguir.[425]

JOSÉ LUIS SAMPEDRO

FIDELIDAD

Yo no estoy interesada en la ficción, yo quiero fidelidad.[426]

ANAÏS NIN

Ser leal es la mayor valentía.[427]

FRANCISCO DE ROJAS ZORRILLA

FORTALEZA

No mido mi vida por cuántas veces me caigo, sino que la mido por cuán rápido me levanto.[428]

En el medio de la tormenta es cuando yo más duro agarro el timón y soy capitán de mi barco.[429]

MARÍA CELESTE ARRARÁS

Dentro de toda mujer existe un lugar al que debemos ir para encontrar la confianza que te hace decir: "Soy quién soy, todo esta bajo control, soy poderosa, puedo lograrlo y no voy a desfallecer pase lo que pase".[430]

JENNIFER LOPEZ

No el poder mucho, sino el sufrirlo, es la verdadera fortaleza.[431]

ANTONIO LÓPEZ DE VEGA

La fortaleza viene de la fe, el amor, la amistad y de la familia que te apoya en tu trabajo y en tu vida personal.[432]

RAMÓN VARGAS

Fracaso

El fracaso es lo que hace la vida maravillosa; no quisiera nunca privarme de ese placer.[433]

Antonio Canales

Nunca le temas al fracaso. De hecho la palabra fracaso ni siquiera debe hallarse en tu vocabulario y debes equipararlo con un error, un retroceso temporal en tu camino al éxito.[434]

Charles Patrick García

Si no fracasas nunca serás un gran actor.[435]

John Leguizamo

El éxito es una breva que te cae, pero el fracaso te obliga a plantearte tus fallos.[436]

Máximo Pradera

No es vencido sino el que se cree serlo.[437]

Fernando de Rojas

FUTURO

Lo que para otros es motivo de horror, para mí es motivo de maravilla. Creo que cuando tú sabes lo que te depara el futuro, es aburrido.[438]

MARÍA CELESTE ARRARÁS

No pienso en el futuro, no elucubro.[439]

LETIZIA ORTIZ, PRINCESA DE ASTURIAS

Bastante tengo con lo que tengo hoy para obsesionarme con lo que vendrá en el mañana.[440]

RICKY MARTIN

Mañana es otro día.[441]

FERNANDO DE ROJAS

El alma que se inquieta por el porvenir es grandemente desgraciada.[442]

LUCIO ANNEO SÉNECA

Procuremos más ser padres de nuestro porvenir que hijos de nuestro pasado.[443]

MIGUEL DE UNAMUNO Y JUGO

Guerra

Si los hombres pariesen no hubiese guerra.[444]

Rocío Jurado

La guerra fatiga pero no extenúa: es una función natural del organismo, para la cual se halla éste prevenido.[445]

José Ortega y Gasset

La guerra es una fórmula irracional con que se pretende resolver un problema insoluble.[446]

José Selgas y Carrasco

Peor que la guerra es el temor a la guerra.[447]

Lucio Anneo Séneca

Historia

Si yo hubiese estado presente en la creación, hubiese dado consejos prácticos para ordenar mejor el universo.[448]

Rey Alfonso X (Alfonso "El Sabio")

Marchar en la dirección opuesta a la historia es estar en el sendero hacia la vergüenza, la pobreza y la opresión.[449]

La historia sólo puede moverse hacia la libertad. La historia sólo puede tener justicia en su corazón.[450]

ÓSCAR ARIAS SÁNCHEZ

La historia me absolverá.[451]

FIDEL CASTRO

La historia, émula del tiempo, depósito de las acciones, testigo de lo pasado, ejemplo y aviso de lo presente, advertencia de lo porvenir.[452]

MIGUEL DE CERVANTES SAAVEDRA

Porque yo voy a dejar algo que no encontré al asumir el Gobierno de España hace cuarenta años. La clase media española. Diga a su presidente que confíe en el buen sentido del pueblo español. No habrá otra guerra civil.[453]

Al general estadounidense Vernon Walters.

FRANCISCO FRANCO

La perspectiva del pobre es fundamental para entender la historia. Hay que intentar ver la historia desde los últimos y eso creo que tiene una fuerza transformadora muy grande, pero no piensen que eso va a lograrse en una semana.[454]

GUSTAVO GUTIÉRREZ-MERINO

Ni en cien años mi gente estará lista para la libertad. No saben lo que es, poco informados como son y están bajo la influencia del clero católico, un despotismo es el gobierno adecuado para ellos.[455]

> *Respuesta al ex-embajador de los*
> *EE.UU. en México, Joel Poinsett.*
> Antonio López de Santa Anna

Pueblo que no sabe su historia es pueblo condenado a irrevocable muerte; puede producir brillantes individualidades aisladas, rasgos de pasión, de ingenio y hasta de genio y serán como relámpagos que acrecentaran más y más la lobreguez de la noche.[456]

> Marcelino Menéndez y Pelayo

La quinta columna.[457]

> *Al preguntársele cuál de sus cuatro columnas*
> *militares capturaría a Madrid.*
> Emilio Mola

La historia es, sin remisión, el reino de lo mediocre.[458]

> José Ortega y Gasset

La historia es este sitio que nos afirma y nos desgarra.[459]

> Heberto Padilla

Hombre

....

El hombre: un milímetro por encima del mono cuando no un centímetro por debajo del cerdo.[460]

PÍO BAROJA

El macho tiene ese pozo machista que viene de siglos atrás; es muy profundo y es el que le hace sentir y pensar que eso de mostrar todo aquello que conlleva una connotación femenina es síntoma de debilidad.[461]

MIGUEL BOSÉ

Pues el delito mayor del hombre es haber nacido.[462]

PEDRO CALDERÓN DE LA BARCA

Como hombre, mi primera obligación es hacia el bienestar de mi prójimo.[463]

PABLO CASALS

Todos somos hombres, incluso esos animales que matan.[464]

Uno primero es hombre y luego vasco, o siberiano o lo que sea.[465]

EDUARDO CHILLIDA

El hombre que a los veinte años no cree en la mujer no tiene corazón, y el que sigue creyendo en ella a los cuarenta, ha perdido la razón.[466]

NOEL CLARASÓ

Los hombres que han mantenido un lugar muy especial en mi corazón lo han hecho no por la manera en la cual llegaron a mi vida, sino como hicieron su salida. Su comportamiento en esos momentos te demuestra lo que es un hombre.[467]

SALMA HAYEK

El hombre fue hecho a causa de sí mismo; la mujer fue creada como ayuda al varón.[468]

SAN ISIDORO DE SEVILLA

Todos los hombres que no tienen nada importante que decir, hablan a gritos.[469]

ENRIQUE JARDIEL PONCELA

Sucede que me canso de ser hombre.[470]

PABLO NERUDA

Cuando se quiere entender a un hombre, la vida de un hombre, procuramos ante todo averiguar cuáles son sus ideas.[471]

JOSÉ ORTEGA Y GASSET

Todo, absolutamente todo en nuestro mundo contemporáneo ha sido hecho a la medida de los hombres.[472]

EVA PERÓN

Me siento muy cercana a los hombres que no pueden vivir sin una mujer.[473]

ELENA PONIATOWSKA

¡Cuánta grandeza, tener la debilidad de un hombre y la serenidad de un dios![474]

¡Oh, cuán despreciable cosa es el hombre si deja de elevarse sobre las cosas humanas![475]

LUCIO ANNEO SÉNECA

HONESTIDAD

El hombre sin honra es peor que un muerto.[476]

MIGUEL DE CERVANTES SAAVEDRA

Yo hago errores a menudo y cuando los hago, se lo digo a mi público. Ellos aprecian mi honestidad.[477]

CRISTINA SARALEGUI

HONOR

El honor no está en el mercado a ningún precio.[478]

PEDRO ALBIZU CAMPOS

Al rey la hacienda y la vida se ha de dar:
Pero el honor es patrimonio del alma
Y el alma sólo es de Dios.[479]

PEDRO CALDERÓN DE LA BARCA

El verdadero honor es el que resulta del ejercicio de la
virtud y del cumplimiento de los propios deberes.[480]

GASPAR MELCHOR DE JOVELLANOS

Por mi parte yo creo que el honor y el dinero casi siempre
van juntos y que aquel que desea honor nunca odia el
dinero, mientras que al que odia el dinero le importa poco
el honor.[481]

SANTA TERESA DE ÁVILA

HUMILDAD

Yo no me considero ni una mota de polvo.[482]

Nunca he tenido una opinión humilde en mi vida. Si vas a tener una opinión, ¿Porque ser modesta sobre ella?[483]

JOAN BAEZ

Cuanto más conscientes somos de nuestra fragilidad, más ligeros nos sentimos.[484]

NACHO CRIADO

Aprende a ser yunque para cuando seas martillo.[485]

A Francisco Rivera, "Paquirri".

JOSÉ FLORES

Hay que ser muy humilde y comprender que somos una partícula ínfima en un universo infinito.[486]

PEDRO JUAN GUTIÉRREZ

No soy nada... esa es la verdad.[487]

PEDRO INFANTE

Lo que hago es que cuando me levanto de mi cama le pido a Dios que me mantenga como soy. Yo soy así porque para mí todo el mundo es igual... Yo seré el "jugador más valioso", pero para mí todo el mundo es igual.[488]

MIGUEL TEJADA

Para saber mandar es preciso obedecer.[489]

Son los más humildes de ustedes quienes son los más perfectos.[490]

SANTA TERESA DE ÁVILA

HUMOR

Los problemas con humor son menos, aunque no los solucione.[491]

ANABEL ALONSO

Desdichados los hombres que a fuerza de ser serios se han convertido en momias.[492]

NEMESIO R. CANALES RIVERA

Me gusta sorprender, ser inteligente, gracioso, rápido, pero no siempre se logra.[493]

MARIO KREUTZBERGER, "DON FRANCISCO"

Soy un enamorado de la gente que tiene gracia, que tiene sentido del humor; eso para mí es un arte.[494]

PACO DE LUCÍA

¿Qué es la vida sin una risa?[495]

JUAN "CHI-CHI" RODRÍGUEZ

IDENTIDAD

Me auto examiné y me di cuenta que soy panameño y que los ojos no se me iban a tornar azules. Me di cuenta que tenía que lidiar con la realidad de quien yo era.[496]

RUBÉN BLADES

Primero permítame decir que desprecio el término "Latinoamérica". Mejor llámenos "Mestilandia". Somos mestizos, una mezcla desordenada de blanco, negro e indio.[497]

GUILLERMO CABRERA INFANTE

Siempre me han encasillado como el latino bruto. Bateé dos jonrones en un juego en Medford [Oregón] en 1983 y un par de escritores le preguntan al director, "¿Él habla inglés?" Los escritores se sorprendían de que pudiese hablar.[498]

José Canseco

Para los negocios soy muy americana, pero mi corazón es totalmente latino.[499]

Vicky Carr

Esa risa sonó en mis oídos por veinte años. Parecía separarme de la raza humana.[500]

Comentando sobre una joven que se burló de él
llamándolo un "maldito mexicano bruto".

César Chávez

Porque soy rubia y tengo los ojos azules, las personas que no son hispanas no pueden creer que lo sea. Y las personas que son hispanas siempre piensan que no lo soy. Ser latina es parte de quien soy.[501]

Cameron Diaz

Estoy más interesado de dónde vengo que a dónde voy.[502]

Farruqito

Identidad

Yo misma no sé quién soy.[503]

MARÍA FÉLIX

Como escritora puertorriqueña constantemente afronto el problema de la identidad. Cuando viajo a los Estados Unidos me siento tan latina como Chita Rivera. Pero cuando estoy en Latinoamérica me siento más americana que John Wayne.[504]

ROSARIO FERRÉ

Como latinos, mis hijos deben saber que llevan algo que no es ni mejor ni peor sino único.[505]

MARÍA HINOJOSA

Cuando uno puede reírse de la tragedia de estar desplazado... estás salvado.[506]

LEÓN ICHASO

Cuando comencé a actuar me decían que me cambiara el nombre y que no cogiera sol, porque me pondría prieto. Que cambiara mi acento. Era como suavizarme, vender quien yo era. Hay una línea muy sutil entre mejorarte a ti mismo y distanciarte de lo que en realidad eres.[507]

JOHN LEGUIZAMO

Supongo que debo decir que soy mexicano-americana porque estoy muy orgullosa de ser estadounidense, pero cuando la gente me pregunta "¿De dónde eres?", contesto, "mexicana".[508]

EVA LONGORIA

Nunca me olvidaré de donde vine, lo cual es el aspecto menos pronunciado de mi éxito.[509]

JENNIFER LOPEZ

Me vencí porque no hay final. Nunca puedes descubrir quién eres.[510]

Al quitar imágenes de su cara de sus esculturas.

MARISOL

Soy latino y olvidarme de mi lengua es ridículo, aunque nos dejamos seducir fácilmente.[511]

RICKY MARTIN

Estoy listo para ser Mel Martínez a nivel nacional. Y Mel Martínez es bilingüe y bicultural.[512]

MELQUIADES "MEL" MARTÍNEZ

Lo que más daño nos hace a los indios es que nuestros trajes típicos son considerados bellos, pero es como que si la persona que los tiene puestos no existiera.[513]

RIGOBERTA MENCHÚ

Ignoro de qué sustancia extraordinaria está confeccionada la identidad, pero es un tejido discontinuo que zurcimos a fuerza de voluntad y de memoria.[514]

ROSA MONTERO

Me hicieron creer que ser puertorriqueña era una maldición. Me tomo algún tiempo, pero ahora acepto mi cultura con orgullo.[515]

Represento a todos los hispanos en América... porque tengo una madre que no lee inglés con fluidez... soy una latina y sé lo que es sentirse sola e ignorada porque eres diferente.[516]

RITA MORENO

No he dejado que el racismo y el sexismo sean mi problema... Si veo una puerta en mi camino, la voy a tumbar. Y si no puedo tumbar la puerta, me voy a colar por la ventana. Nunca dejaré que me detenga de lo que quiero hacer.[517]

ROSIE PEREZ

Por encima de las penas y de las alegrías que la vida haya podido depararme, pienso que lo esencial para mí fue haber sabido encontrar un sentido a mi propia existencia y haberme entregado a él con plenitud, sin reservas, apasionadamente.[518]

DOLORES DEL RÍO

Estoy tratando de probar quién soy, no qué soy. Siempre trato de encontrar únicamente algo que palpar, algo que me diga que sigo vivo, que todavía me puedo mover, que todavía puedo cambiar.[519]

Arnaldo Roche-Rabell

Me aseguré antes de tener las credenciales correctas: unas cuantas becas, dos o tres premios literarios, un doctorado… Después me puse unos zapatos elegantes, pero que no me apretaran y me permitieran bailar si tocaban buena música, saqué mi sonrisa más reluciente y entré.[520]

Su respuesta a la pregunta de cómo
entró a la ciudad de las letras desde su
condición [de mujer de raza negra].
Mayra Santos-Febres

Estoy muy orgulloso de mi tradición hispana. Yo nunca me cambié el nombre. Nunca lo haría. En el contexto del negocio tuve que adoptar una manera de no confrontar hace cuarenta años así que me inventé. Inventé a Martin Sheen. Dentro de mi corazón, todavía soy Ramón.[521]

Martin Sheen

Llevo salsa tabasco en las venas con tequila.[522]

Thalía

Querer ser otro es querer dejar de ser uno el que es. Más de una vez se ha dicho que todo hombre desgraciado prefiere ser el que es, aun con sus desgracias, a ser otro sin ellas.[523]

MIGUEL DE UNAMUNO Y JUGO

Mi primer agente me quería cambiar el nombre a Woods o Hill o Forrest y me decía "No lo puedo deletrear ni lo puedo pronunciar". Yo no me podía imaginar ser otra cosa que Zuniga.[524]

DAPHNE ZUNIGA

IGNORANCIA

La ignorancia me da pena, la mía y la de otros, pero son cosas que cada uno tiene que resolver a su manera.[525]

EDUARDO CHILLADA

El primer paso de la ignorancia es presumir saber.[526]

Lo que no se ve es como si no fuese.[527]

BALTASAR GRACIÁN Y MORALES

Los ignorantes, por ser muchos, no dejan de ser
ignorantes. ¿Qué acierto, pues, se pueden esperar de sus
resoluciones?[528]

BENITO DE JERÓNIMO FEIJÓO

Yo no estudio para escribir, ni menos para enseñar (que
fuera en mí desmedida soberbia), sino sólo por ver si con
estudiar ignoro menos.[529]

SOR JUANA INÉS DE LA CRUZ

No hay nada más fecundo que la ignorancia consciente de
sí misma.[530]

JOSÉ ORTEGA Y GASSET

La ignorancia no es más que un débil remedio de nuestros
males.[531]

LUCIO ANNEO SÉNECA

La ignorancia y el oscurantismo nunca han producido otra
cosa que manadas de esclavos para la tiranía.[532]

De una carta dirigida a Pancho Villa.

EMILIANO ZAPATA

IGUALDAD

Los dogmas se creen; los partidarios de la igualdad, las multitudes al menos, creen en ella, la afirman con la seguridad del que no ha pensado, con la vehemencia del que espera, y, como todo ignorante que sea apasionado, están dispuestos a imponer la creencia.[533]

CONCEPCIÓN ARENAL

Todas las gentes del mundo son hombres.[534]

FRAY BARTOLOMÉ DE LAS CASAS

Nadie es más que otro si no hace más que otro.[535]

MIGUEL DE CERVANTES SAAVEDRA

Yo encuentro ofensivo que alguna gente piensa que aquellos que tenemos la piel más obscura necesitamos que nos cuiden. Esta idea de que no podemos competir es algo de lo cual los liberales no quieren hablar. Nos están diciendo, "Ustedes nos dan lástima. No tienen que llegar a nuestros estándares".[536]

LINDA CHAVEZ

Decid, ¿con qué derecho y con qué justicia tenéis en tan cruel y horrible servidumbre a estos indios?... ¿Éstos, no son hombres? ¿No tienen almas racionales? ¿No estáis obligados a amarlos como a vosotros mismos? ¿Ésto no entendéis?[537]

De un sermón pronunciado en la isla de La Española en 1511.

ANTONIO DE MONTESINOS

La igualdad de sexos es más eficaz contra el terrorismo que la fuerza militar.[538]

JOSÉ LUIS RODRÍGUEZ ZAPATERO

Una parte de la humanidad es apartada por la naturaleza para que sean esclavos.[539]

JUAN GINÉS DE SEPÚLVEDA

INDIVIDUALISMO

No deseo seguirles los pasos a otros. Es bueno tener apoyo pero a veces uno tiene que guiarse por esa vocecita que uno lleva adentro. Al final de la jornada no quiero estar confundida sobre quien fue quien vivió mi vida.[540]

ROSARIO DAWSON

Nunca debes permitir que nadie te posea, ni un hombre, ni tu madre que te parió. Es tu vida.[541]

SALMA HAYEK

Siempre sigue tu instinto, aunque todos te digan que te equivocas porque al final, tú eres el que tienes que vivir con tu acción.[542]

RITA MORENO

Cada cual lleva encerrado en lo más profundo de su ser unos tesoros fascinantes y misteriosos.[543]

NARCISO RODRIGUEZ

La astrología no debe pretender mostrar lo que debes hacer, sino que te muestra la calidad de lo que puedes hacer, y tú le quitas o le pones las cantidades que consideras necesarias.[544]

ANDREA VALERIA

INFIDELIDAD

∙∙∙∙∙∙∙∙∙∙∙∙∙∙∙∙∙∙∙∙∙∙∙∙∙∙∙∙∙∙∙∙∙∙∙∙∙∙

¡Sí! Pero tienes que romper esos patrones y decir "No lo voy a aceptar más".[545]

> *Respuesta a una pregunta sobre si*
> *algún hombre le ha sido infiel.*
> **JENNIFER LOPEZ**

Si a uno por la cabeza le pasa ser infiel, uno no debería estar en esa relación. No vale la pena. Además, todo sale a la luz.[546]

> **WILMER VALDERRAMA**

INTERÉS

∙∙∙∙∙∙∙∙∙∙∙∙∙∙∙∙∙∙∙∙∙∙∙∙∙∙∙∙∙∙

Estoy más interesado en la vida de los demás que en mí mismo.[547]

> **PEDRO ALMODÓVAR**

Es difícil capturar el interés del mundo por más de media hora a la vez. Yo lo he hecho exitosamente día a día por veinte años.[548]

> **SALVADOR DALÍ**

La pregunta, que es el despertar del hombre.[549]

María Zambrano

Juicio

Nadie puede juzgar a nadie cuando decide sobre su propia vida.[550]

Alejandro Amenábar

El juicio viene de la experiencia y la experiencia viene del mal juicio.[551]

Simón Bolívar

No tengan tus acciones censor más severo que tú mismo, y serás un juez insobornable de los otros.[552]

Eugenio María de Hostos

JUSTICIA

Lo que no es para ti y lo tomas a la fuerza, la vida se encarga de quitártelo, ya sea un hombre, un trabajo o lo que sea.[553]

REBECA DE ALBA

Sé justo antes de ser generoso; sé humano antes de ser justo.[554]

CECILIA BÖHL DE FABER

Nuestro sistema de justicia está basado en la creencia que todo ser humano tiene dignidad.[555]

ALBERTO GONZALES

Si quieres saber lo que es justicia, déjate perseguir por la injusticia.[556]

EUGENIO MARÍA DE HOSTOS

Como piedras rodando por las laderas, las ideas justas llegan a sus objetivos a pesar de todos los obstáculos y barreras. Es posible apurarlas o atrasarlas, pero es imposible pararlas.[557]

JOSÉ MARTÍ

Aquí estoy, pues amigo, delicado de salud y soportando un juicio político, pero endosado a los tribunales de justicia.[558]

Augusto Pinochet Ugarte

Nunca vencido tiene justicia si lo ha de juzgar su vencedor.[559]

Francisco de Quevedo y Villegas

En el nombre de la justicia no puede haber sometimiento y en el nombre de la paz no puede haber impunidad.[560]

Álvaro Uribe

Lectura

Yo creo que la vocación de escritor empieza como vocación de lector. A partir de ahí nace el deseo de convertirse en comunicador.[561]

Josefina Aldecoa

Cuando oigo que un hombre tiene el hábito de la lectura, estoy predispuesto a pensar bien de él.[562]

Nicolas de Avellaneda

Leyendo se conoce al mundo.[563]

MARIO BENEDETTI

El lector lo acepta todo. Hasta las boberías más grandes.[564]

JORGE LUIS BORGES

Leer es un acto sensual: en todos, los sentidos.[565]

GUILLERMO CABRERA INFANTE

Nunca releo mis libros porque me da miedo.[566]

GABRIEL GARCÍA MÁRQUEZ

No sólo somos las vidas que llevamos, sino también las vidas que leemos.[567]

MARGO GLANTZ

La muerte súbita de los libros es el corolario inevitable de la concentración editorial, de la sobreproducción, de intentar rentabilizar al máximo el espacio de librerías, cadenas, grandes superficies, de los contenedores varios de libros.[568]

JORGE HERRALDE

Conviértase el lector en buena zorra y acierte qué vicio es un vicio y no lo aparenta, y qué otros lo aparentan y no lo son.[569]

TERENCI MOIX

Leer es una de las actividades más excitantes y más intensas que se pueden hacer en la vida.[570]

ROSA MONTERO

He vivido para leer. Leo para seguir viviendo.[571]

SERGIO PITOL

Uno lee las biografías en busca de una cierta clase de verdad.[572]

ÁLVARO POMBO

LENGUAJE

No es difícil escribir en español; la lengua española es un regalo de los dioses que los españoles tomamos por sentado.[573]

CAMILO JOSÉ CELA

La salsa de los cuentos es la propiedad del lenguaje.[574]

MIGUEL DE CERVANTES SAAVEDRA

El lenguaje es el lugar donde encuentro a mi familia.[575]

DENISE CHÁVEZ

Mi padre siempre me dijo que tener otro idioma es tener otra alma.[576]

HÉCTOR ELIZONDO

La lengua la hacemos entre todos, y es de todos. Todas las lenguas son, en mayor o menor medida, mestizas y el español se hizo ensayando su mestizaje, primero en la península, y después en América.[577]

REY JUAN CARLOS I DE BORBÓN Y BORBÓN

La traducción es imposible.[578]

JAVIER MARÍAS

Los lenguajes son realidades inmensas que transcienden a las entidades políticas e históricas que llamamos naciones.[579]

Mis clásicos son los de mi lenguaje y yo me considero un descendiente de Lope y Quevedo, como cualquier escritor español... sin embargo, yo no soy español.[580]

OCTAVIO PAZ

Gran estrés mental puede ser aliviado sólo en el lenguaje de uno y aunque el inglés tiene el pasable "Maldito sea Dios" para casos especiales, yo prefería el español que es redondo y sonoro para soltar la rabia.[581]

DOMINGO SARMIENTO

Desde siempre el hombre ha desconfiado del lenguaje, porque miente, porque es ambiguo.[582]

TOMÁS SEGOVIA

LEY

La ley nunca es, pero siempre está a punto de ser.[583]

BENJAMÍN CARDOZO

La verdad es que creo en el amor más que en la ley.[584]

RAMÓN SAMPEDRO

LIBERTAD

La libertad hace milagros. Para un hombre libre todo es posible.[585]

ÓSCAR ARIAS SÁNCHEZ

El orden es el valor en que se fundan las libertades.[586]

SIMÓN BOLÍVAR

La libertad de expresión es la matriz, la condición indispensable de casi todas las otras formas de libertad.[587]

BENJAMÍN CARDOZO

La libertad, Sancho, es unos de los más preciados dones que a los hombres dieron los cielos.[588]

MIGUEL DE CERVANTES SAAVEDRA

Si caemos que nuestra sangre señale el camino de la libertad. Porque tenga o no nuestra acción el éxito que esperamos, la conmoción que originará nos hará adelantar en la senda del triunfo.[589]

JOSÉ ANTONIO ECHEVARRÍA

En el poco tiempo que llevo aquí, he disfrutado de la democracia y la libertad. Aquí nadie puede decirme qué es lo que tengo que decir.[590]

ORLANDO "EL DUQUE" HERNÁNDEZ

La libertad es el derecho de todo hombre a ser honesto, a pensar y hablar sin hipocresía.[591]

JOSÉ MARTÍ

Y para nosotros la libertad es esa capacidad inalienable que tienen todos los seres humanos por igual a su disposición.[592]

ADOLFO PÉREZ ESQUIVEL

Soy una rebelde. Rebelde en mis ideas, en la manera de expresarme. No quiere decir que no escucho lo que la gente tiene que decir, es más, me encanta escuchar y poder estar en desacuerdo. Ves, me encanta tener la libertad de decir lo que yo pienso.[593]

PAULINA RUBIO

¡Libertad! Dadle una caja de navajas a un niño de dos años a ver qué pasa.[594]

JOSÉ DE SAN MARTÍN

LITERATURA

Mi abuelo pensaba que la gente moría sólo cuando eran olvidados. Yo quería probarle que no he olvidado nada.[595]

ISABEL ALLENDE

Escribo para averiguar qué es lo que pienso. Escribo para averiguar quién soy. Escribo para entender las cosas.[596]

JULIA ALVAREZ

Hay una posición muy ventajosa entre los escritores estos de izquierda que viven en los países capitalistas... disfrutan también de la rentabilidad que da atacar a la democracia viviendo en un país democrático, ¿no? Esos escritores quizás si vivieran en un país comunista... no podrían escribir nada.[597]

REINALDO ARENAS

El novelista se embarca en una aventura verbal, un uso instintivo de las palabras. Uno se guía a lo largo por los sonidos. Uno escucha, escucha a los personajes.[598]

∽

Como verdaderos latinoamericanos la belleza de la expresión nos excita —por esta razón— cada una de nuestras novelas es un acontecimiento verbal. Trabaja la magia. Lo sabemos.[599]

∽

Si escribes novelas sólo para entretener, ¡quémalas![600]

MIGUEL ÁNGEL ASTURIAS

El escritor que con menos palabras da una sensación es el mejor.[601]

PÍO BAROJA

No soy ni un pensador ni un moralista, sino sencillamente un hombre de letras que refleja en sus escritos su propia confusión y el respetado sistema de confusiones que llamamos filosofía, en forma de literatura.[602]

~

Puedes trabajar como un negro [escribiendo] y cambiar cada adjetivo por otro adjetivo, pero quizás puedes escribir mejor si dejas los errores.[603]

~

Si un escritor no cree en lo que está escribiendo, entonces apenas puede esperar que sus lectores lo crean.[604]

JORGE LUIS BORGES

La pluma es la lengua del alma.[605]

MIGUEL DE CERVANTES SAAVEDRA

Tus propios libros terminan contándote cosas que no querías oír. Además todos mis personajes son yo: egoístas, odiosos, bondadosos.[606]

RAFAEL CHIRBES

Escribir la novela fue muy, muy difícil. Cada día me sentía que tenía una caja de fósforos mojados y que tenía que prenderlos.[607]

> Sobre *"Caramelo".*
> **Sandra Cisneros**

Puede que no haya literatura en el futuro, pero si la hay seguirá evolucionando.[608]

> **Julio Cortázar**

La realidad de Colombia es tan absurda y exagerada que [los escritores] no tenemos que inventar. Se cuenta ella sola.[609]

> **Jorge Franco**

En mi caso el ser escritor es un mérito descomunal, porque soy muy bruto para escribir. He tenido que someterme a una disciplina atroz para terminar media página en ocho horas de trabajo.[610]

> **Gabriel García Márquez**

El mercado literario corrompe a la medida que un escritor se deja corromper.[611]

> **Almudena Grandes**

Escribí la *Trilogía* para obligar a oler mierda, aterrorizar a los cobardes y joder a quienes quieren amordazar a los que podemos hablar.[612]

PEDRO JUAN GUTIÉRREZ

La prosa, buena o mala, no ha hecho nunca a un autor, le hacen la gramática y el pensamiento.[613]

JOSÉ JIMÉNEZ LOZANO

La literatura no puede explicar el misterio, pero nos lo cuenta.[614]

JAVIER MARÍAS

Pienso que cuando ha acabado tu novela, cualquier ser humano lo que quiere es que los demás te lean. Y quien diga lo contrario... pues no me lo creo. A nadie le apetece tener el libro escondido en un cajón.[615]

TERENCI MOIX

Tres renglones tachados valen más que uno añadido.[616]

La cualidad principal de la prosa es la precisión... En tanto que cada verso debe brillar independientemente de los que le preceden o siguen, en prosa la función de cada frase es tan solo la de llevar a la siguiente. Si un verso es bueno, nunca sobra.[617]

AUGUSTO MONTERROSO

No aprendí de ningún libro una receta para escribir un poema.[618]

PABLO NERUDA

Muchos escritores no creen en la inspiración porque no la tienen.[619]

CRISTINA PERI ROSSI

La primera obligación de un escritor es observar, relatar, manifestar la época en que se encuentra.[620]

JOSEP PLA

Creo que el exceso de autoexamen conduce a una literatura empobrecida.[621]

ÁLVARO POMBO

Antes tú podías ser un gran escritor maldito y tener un aura y una consideración que, hoy día, si no publicas, desde luego no la vas a tener, y si no tienes éxito, pues tampoco.[622]

CARMEN POSADAS

La realidad es para vivirla, no para hacer literatura. Cuando escribo, la realidad no me interesa nada, la saboteo de arriba abajo.[623]

CARLOS PUJOL

El que crea que yendo a un taller se va a hacer escritor está totalmente equivocado. Nadie le enseña a nadie a escribir. Si no tienes talento para hacerlo, así vayas por cincuenta años a un taller literario, no vas a poder ser escritor.[624]

RAFAEL RAMÍREZ HEREDIA

Siempre he vivido como sentada sobre un volcán, y procuro inyectarle pasión a mis libros.[625]

LAURA RESTREPO

No puedo saber hasta ahora qué es lo que me lleva a tratar los temas de mi obra narrativa… simplemente me imagino un personaje y trato de ver a dónde este personaje, al seguir su curso, me va a llevar. No trato yo de encauzarlo, sino de seguirlo.[626]

JUAN RULFO

Necesito un poco de ruido para escribir.[627]

TOMÁS SEGOVIA

El escritor sólo puede interesar a la humanidad cuando en sus obras se interesa por la humanidad.[628]

MIGUEL DE UNAMUNO Y JUGO

Hace más de veinte años que no leo literatura. Si lo mío es lo bueno pues esto se jodió, cómo estarán los otros.[629]

FERNANDO VALLEJO

El estilo es ingrediente esencial, aunque no el único de la forma novelesca. Las novelas están hechas de palabras, de modo que la manera como un novelista elige y organiza el lenguaje es un factor decisivo para que sus historias tengan o carezcan de poder de persuasión.[630]

La literatura es el alimento de los rebeldes.[631]

MARIO VARGAS LLOSA

No entiendo a los autores que tardan días en poner una coma.[632]

ALBERTO VÁZQUEZ-FIGUEROA

LUCHA

Llegar hasta donde estoy ahora ha sido una dura lucha. Yo digo que soy un "rebelde con causa".[633]

JOAQUÍN CORTÉS

Yo sé luchar, la juventud me alienta, y tengo, a fuerza de cruzar los mares, la frente acostumbrada a la tormenta.[634]

José de Diego

Siempre he sido una mujer luchadora: nadie me ha regalado nada.[635]

Letizia Ortiz, Princesa de Asturias

Yo actúo basada en la premisa que siempre tienes que luchar por lo que quieres.[636]

Raquel Welch

Estoy resuelto a luchar contra todo y todos.[637]

Emiliano Zapata

Matrimonio

Soy "fan" de las mentiras... mantienen matrimonios.[638]

Ricardo Arjona

Su muerte me puso en el camino de la política. Me hizo seguir el carro de Marte más que la flecha de Cupido.[639]

Sobre su esposa María Teresa Rodríguez.

SIMÓN BOLÍVAR

Conocer a mi marido fue el éxito más grande de mi vida.[640]

MONTSERRAT CABALLÉ

He observado un rasgo muy curioso que tienen muchos hombres. Aunque no vacilan en decir cuanto quieren a sus madres, ¡Sienten cierta reservación en decir cuanto quieren a sus esposas![641]

PABLO CASALS

Si él no hace el café, yo no lo tomo.[642]

Sobre su esposo Pedro Knight.

CELIA CRUZ

Si lo tuviese que hacer de nuevo, me casaría con las mismas.[643]

XAVIER CUGAT

Gala es el hombre de la casa. Si ella está triste, yo estoy triste. Si ella está contenta, yo estoy contento. Le soy completamente fiel.[644]

SALVADOR DALÍ

¿Qué cuál es el secreto que tengo para poder alcanzar la felicidad en el matrimonio? La verdad es que no tengo ningún secreto. Simplemente nos casamos muy enamorados y yo sabía que quería estar siempre a su lado.[645]

GLORIA ESTEFAN

Estoy empezando.[646]

Después de divorciarse por tercera vez.
MARÍA FÉLIX

No sé si alguien sabe el secreto de un matrimonio tan largo como el nuestro, pero ambos teníamos la meta de obtener la superación espiritual… cuando tienes un objetivo mayor en la vida eso hace que todo sea un poco más fácil.[647]

OLIVIA HARRISON

No soporto más su genio.[648]

El porqué se divorció de Orson Wells.

Me pegaba.[649]

El porqué se divorció de Dick Haymes.
RITA HAYWORTH

Reinaldo fue mi primer amor.[650]

Sobre su esposo, Reinaldo Herrera.
CAROLINA HERRERA

Mi matrimonio fue en cierta forma todo aquello de lo que yo había huido al marchar de Nicaragua: un mundo machista. Resulta que el mundo de la música es absolutamente machista, profundamente chovinista.[651]

BIANCA JAGGER

Patrimonio es un conjunto de bienes; matrimonio es un conjunto de males.[652]

ENRIQUE JARDIEL PONCELA

Mi esposa Zenobia es la verdadera ganadora de este premio. Su compañía, su ayuda y su inspiración hicieron que mi trabajo fuese posible por cuarenta años. Hoy sin ella, me encuentro desolado e indefenso.[653]

Discurso al ganar el Premio Nobel de Literatura.

JUAN RAMÓN JIMÉNEZ

La reina es una gran profesional.[654]

REY JUAN CARLOS I DE BORBÓN Y BORBÓN

Sufrí dos accidentes graves en mi vida, uno en el cual me atropelló un tranvía. El otro accidente es Diego.[655]

Ser la esposa de Diego es la cosa más maravillosa del mundo… yo le dejo jugar al matrimonio con otras mujeres. Diego no es el esposo de nadie ni nunca será, pero es un gran camarada.[656]

FRIDA KAHLO

¡Bienaventurado aquél a quien la mujer dice "no quiero", porque ése a lo menos oye la verdad![657]

MARIANO JOSÉ DE LARRA

En una cumbre de jefes de estado pedí que me dejaran irme por razones de amor. Me aplaudieron y me fui a Nápoles a pedirle a Aguas que se casara conmigo.[658]

RICARDO MADURO

Creo en el matrimonio ciento por ciento, respeto a las personas que llevan unión libre, cada quien hace de su vida lo que mejor le parezca.[659]

ADELA NORIEGA

Perón tenía una personalidad doble, y yo necesitaría tener una también: yo soy Eva Perón, la esposa del presidente cuya vida es simple y agradable... y soy también Evita, la esposa del líder de una gente que ha depositado en él toda su fe, esperanza y amor.[660]

EVA PERÓN

Frida es un diamante en el medio de muchas joyas inferiores.[661]

DIEGO RIVERA

La diferencia conmigo es que yo me caso con una mujer, y cuando la dejo, es más rica que nunca.[662]

PORFIRIO RUBIROSA

¿Ustedes piensan que soy menos honorable porque él es mi amante y no mi esposo? ¡Ah! Yo no vivo bajo las preocupaciones sociales que han sido inventadas para el tormento mutuo.[663]

MANUELA SÁENZ DE THORNE

Creo que lo más importante que aprendí del fracaso de mi primer matrimonio es que ambos tienen que tener los mismos sueños e ir en la misma dirección.[664]

CRISTINA SARALEGUI

Mi mujer me conoce, me quiere, me apoya y sin ella existiría, pero en muy malas condiciones.[665]

JOAN MANUEL SERRAT

Yo no sólo uso mi creatividad en mi carrera, también para mi matrimonio. Lo importante es nunca dejar de reinventarse para que siempre haya cosas nuevas y no llegue el aburrimiento.[666]

THALÍA

MEMORIA

Los recuerdos son algo tan frágil. Escribiéndolos están ahí para siempre.[667]

ISABEL ALLENDE

El olvido está lleno de memoria.[668]

MARIO BENEDETTI

Si algún recuerdo tiene que seguir vigente, que se gane el lugar, que se peleé por seguir vivo.[669]

MIGUEL BOSÉ

Tienes que empezar a perder la memoria, aunque sea en pedacitos, para darte cuenta que la memoria es lo que hace nuestras vidas. La vida sin memoria no es vida.[670]

LUIS BUÑUEL

La memoria es un don de Dios. No es algo que tú puedas decir que la cultivas. Al contrario, la memoria te cultiva a ti.[671]

GUILLERMO CABRERA INFANTE

La memoria es la verdad más poderosa. Muéstrame un cuento que no haya sido tocado por los recuerdos, y lo que me muestras son mentiras. Muéstrame mentiras que no se basen en los recuerdos, y lo que me estás mostrando son las peores mentiras de todas.[672]

CARLOS EIRE

La memoria es el faro que nos guía por el humano mar embravecido desde la cuna hasta la tumba fría.[673]

GASPAR NÚÑEZ DE ARCE

Lo que intento, más que remover las aguas del pasado, es no olvidarlo, trato de no perder la memoria, porque la memoria es maravillosa, y es una herramienta muy hermosa para abrir las puertas del futuro.[674]

JOAN MANUEL SERRAT

La memoria es la base de la personalidad individual, así como la tradición lo es de la personalidad colectiva de un pueblo.[675]

MIGUEL DE UNAMUNO Y JUGO

MENTIRAS

La mayor parte de nuestras mentiras obedecen al impulso
de aparentar lo que no somos; y éste no es asunto menor.[676]

Casi se podría afirmar que la mentira es una forma
pervertida de la verdad.[677]

ALONSO FERNÁNDEZ TRESGUERRES

Una sola mentira destruye una reputación completamente
íntegra.[678]

El mentiroso tiene dos males: que ni cree ni es creído.[679]

BALTASAR GRACIÁN Y MORALES

El que no sabe engañar no sabe gobernar.[680]

RAFAEL LEÓNIDAS TRUJILLO

Metas

El camino para llegar a donde uno quiere no es fácil. Para alcanzar las metas que uno se propone hay que hacer sacrificios.[681]

FERNANDO ARAU

Nuestra meta debe ser lograr la felicidad.[682]

ANA CASTILLO

El sueño americano es el mismo para todo el mundo: una buena casa, un buen automóvil.[683]

ROSARIO MARÍN

Quien no espera ganar, ya ha perdido.[684]

JOSÉ JOAQUÍN OLMEDO

Si de verdad deseas algo y estás preparado a trabajar duro para lograrlo, entonces, poco a poco, uno a uno, los milagros comenzarán.[685]

JUAN "CHI-CHI" RODRÍGUEZ

Si quiero ganar, todo se reduce a lo siguiente: ¿Puedo yo aguantar más dolor que el otro? Es como dos tipos con las manos sobre una llama diciendo "A ver, ¿quién la va a quitar primero?"[686]

ALBERTO SALAZAR

El fanatismo consiste en redoblar tus esfuerzos cuando te has olvidado el objetivo.[687]

GEORGE SANTAYANA

Siempre me concentro en mí misma, en lo que quiero alcanzar, en qué tipo de mensaje quiero presentar. No dedico mi energía en pensar en lo que hacen otras.[688]

THALÍA

MODA

Lo más importante de la moda es que sea una extensión de tu personalidad.[689]

CUSTODIO DALMAU

La moda es para el ojo, no para el intelecto.[690]

CAROLINA HERRERA

El estilo evoluciona.[691]

PALOMA PICASSO

La moda no tiene reglas. La limitas tú mismo y la disfrutas como quieres.[692]

LAURA PONTE

Nancy Reagan tenía una figura maravillosa. Hillary Clinton era más difícil. Recuerde que ella venía de Arkansas.[693]

Yo siempre pienso que la mejor manera de vestir es cuando una persona se fija primero en ti y después en el vestido.[694]

Las mujeres piensan que el negro es el color más favorecedor, pero están equivocadas. El rosado añade un esplendor y una calidez como si fuese maquillaje. El negro le saca el color a la piel, el rosado deleita al ojo.[695]

OSCAR DE LA RENTA

Para mí la elegancia no es una cara bonita y un vestido caro o de un diseñador hiperconocido. Para mí, sobre todo, es una cuestión de educación, es una manera de hablar, de escuchar, de caminar, de comer.[696]

CARLA ROYO-VILLANOVA

De poder andar en pijamas sería feliz.[697]

La moda es aspiracional, entra en juego la fantasía de lo que quieres ser.[698]

BLANCA ESTELA SÁNCHEZ

La moda es algo bárbaro ya que produce innovación sin razón e imitación sin beneficio.[699]

GEORGE SANTAYANA

MODESTIA

La modestia es un encanto duradero que suple o duplica los encantos efímeros de la hermosura.[700]

SEVERO CATALINA

¿Quieres que la gente hable bien de ti? No lo hagas tú.[701]

CARMEN RIGALT

MORAL

La moral eterna, la moral de todas las religiones, consiste en escuchar y obedecer la voz de la conciencia.[702]

PEDRO ANTONIO DE ALARCÓN

El mal que hacemos es siempre más triste que el mal que nos hacen.[703]

JACINTO BENAVENTE

Moral y luces son nuestras primeras necesidades.[704]

SIMÓN BOLÍVAR

Para ser moral basta proponérselo; para ser inmoral hay que poseer condiciones especiales.[705]

ENRIQUE JARDIEL PONCELA

La moral, como la limpieza física, no se adquiere de una vez y por toda: sólo puede mantenerse y renovarse por un hábito de constante vigilancia y disciplina.[706]

VICTORIA OCAMPO

Por efecto del libre ejercicio de las potencias morales, cada hombre, en su modo de ser, difiere radicalmente de los demás.[707]

MANUEL TAMAYO Y BAUS

MUERTE

....

Aprendí a ver la muerte como un proceso natural y lógico.[708]

JAVIER BARDEM

Quiero poder decir en los últimos cuatro segundos de mi vida que siempre traté de hacer lo mejor que pude. Sólo entonces sonreiré. Sólo entonces estaré en paz conmigo mismo.[709]

RUBÉN BLADES

¿De qué otra forma se puede amenazar a una persona si no es de muerte? Lo interesante, lo original sería que alguien lo amenace a uno con la inmortalidad.[710]

JORGE LUIS BORGES

Crees que estás madurando y lo que pasa es que te estás muriendo.[711]

RAFAEL CHIRBES

Los genios no tenemos derecho a morir. Quiero vivir.[712]

SALVADOR DALÍ

Todo morirá cuando yo muera.[713]

MARÍA FÉLIX

La única pena de morir es no poder bailar.[714]

ANTONIO GADES

No es que le tema a la muerte, es que tengo ira hacia la muerte.[715]

El problema con la muerte es que dura para siempre.[716]

GABRIEL GARCÍA MÁRQUEZ

La muerte para los jóvenes es naufragio y para los viejos es llegar a puerto.[717]

BALTASAR GRACIÁN Y MORALES

Yo nunca me he de entregar
a los brazos de la muerte;
arrastro mi triste suerte
paso a paso y como pueda,
que donde el débil se queda
se suele escapar el fuerte.[718]

JOSÉ HERNÁNDEZ

Es mejor morir de pie que vivir de rodillas.[719]

*Viente años después de que
Emiliano Zapata dijera estas palabras.*
DOLORES IBÁRRURI

Todo el mundo se suicidaría, si después de suicidarse se
pudiera seguir viviendo.[720]

ENRIQUE JARDIEL PONCELA

¿Qué me vas a doler, muerte?
¿Es que no duele la vida?[721]

JUAN RAMÓN JIMÉNEZ

La muerte es algo que no debemos temer porque, mientras
somos, la muerte no es y cuando la muerte es, nosotros no
somos.[722]

ANTONIO MACHADO

La muerte es un descanso con esperanza y la esperanza es el valor fundamental del ser humano.[723]

ENRIQUE MIRET MAGDALENA

La muerte, el paso más allá, me da miedo. No creo que nadie se muera contento: es un salto en el vacío, una incertidumbre que nos asusta a todos.[724]

JULIA NAVARRO

La indiferencia del mexicano ante la muerte se nutre de su indiferencia ante la vida.[725]

OCTAVIO PAZ

La inmortalidad estaría muy bien los primeros 2.000 ó 3.000 años, pero después el aburrimiento sería espantoso.[726]

JOSÉ LUIS SAMPEDRO

En nosotros nacen y mueren a cada instante oscuras conciencias, llamas elementales, y este nacer y morir de ellas constituye nuestra vida.[727]

MIGUEL DE UNAMUNO Y JUGO

MUJER

El corazón de la mujer tiene cuatro edades: en la niñez crece y sufre; en la adolescencia sueña y sufre; en la juventud ama y sufre; en la vejez comprende y sufre.[728]

SOLEDAD ACOSTA DE SAMPER

Es casi imposible llegar a las más altas escalas del poder con esa enredadera que es la condición femenina.[729]

JOSEFINA ALDECOA

Las mujeres piensan en término de proceso, para ellas el viaje es más importante que el destino. Yo creo que a los hombres los motivan las metas.[730]

ISABEL ALLENDE

Creo que es tiempo de que los líderes masculinos se fijen en los líderes femeninos como modelos a los que imitar.[731]

VIOLETA BARRIOS DE CHAMORRO

¡Qué rico gozar de tu sexualidad, de tu maternidad, de todas las cosas que nos conforman como mujeres! ¡De veras que somos increíbles, qué bien nos trató Dios![732]

GISELLE BLONDET

No me habría puesto delante de un toro si la mujer no hubiera estado en los tendidos. Únicamente por una mujer se afronta la muerte. Ni por dinero, aunque algunos crean lo contrario.[733]

LUIS MIGUEL DOMINGUÍN

La gente siempre alabó mi belleza y mi inteligencia, pero yo sólo soy una mujer con corazón de hombre.[734]

MARÍA FÉLIX

No toleramos la persistencia entre nosotros de ámbitos de dominación que pretenden anular la autonomía de la mujer.[735]

MARÍA TERESA FERNÁNDEZ DE LA VEGA

Abomino esa pretendida mujer perfecta que se ha inventado el márketing y con la que no nos identificamos ninguna.[736]

[Las mujeres] hemos ido adquiriendo cada vez más derechos y también hemos asumido más responsabilidades a todos los niveles, lo que nos obliga a realizar un gran esfuerzo.[737]

PURIFICACIÓN GARCÍA

Yo creo que las mujeres, si tienen un corazón receptivo, sienten atracción por alguien a quien puedan salvar... la gente tiene que salvarse ellos mismos. Tú no puedes salvar a nadie.[738]

LAURA HELENA HARRING MARTÍNEZ

Es muy difícil triunfar manteniendo nuestra feminidad.[739]

BIANCA JAGGER

La mujer y el libro que han de influir en una vida, llegan a las manos sin buscarlos.[740]

ENRIQUE JARDIEL PONCELA

Una mujer es mucho más que la suma total de todas sus partes, y tiene que afanarse en amarse a sí misma.[741]

OLGA MÉNDEZ

Está bien que una mujer sea, sobre todo humana. Yo soy una mujer ante todo.[742]

ANAÏS NIN

En nuestro modo de pensar el alma de una mujer está conectada a su corazón. La naturaleza es hembra, el alma de la selva es hembra, el futuro es hembra.[743]

NORMA PANDURO

En mi opinión, la mujer es el último soldado perdido, el último héroe solitario de nuestro tiempo.[744]

ARTURO PÉREZ-REVERTE

Las mujeres tienen las mismas tentaciones que nosotros, pero sí son más sensatas.[745]

CARLOS PONCE

Ahora más que nunca nosotras las mujeres hispanas tenemos que reenergizar y reenfocar nuestros esfuerzos para realizar el inmenso potencial que está a nuestro alcance.[746]

ILEANA ROS-LEHTINEN

Mi pasión es lograr que más mujeres sean elegidas a cargos gubernamentales y si es una mujer hispana, mejor.[747]

LORETTA SÁNCHEZ

El peor error que una puede cometer es meterse en la cocina. Se corre el peligro de nunca salir de ella.[748]

SHAKIRA

Hay muchas mujeres súper exitosas que muchas veces no las aceptan [los hombres] porque ganan menos o más que él, ese tipo de machismo existe; hay mucha gente que no está preparada para apoyarte incondicionalmente.[749]

OLGA TAÑÓN

Nosotras las mujeres éramos las que salíamos y recogíamos firmas, pero cuando llegaba el proceso final, no dábamos la talla a postularnos a un puesto político.[750]

NYDIA VELÁZQUEZ

Respaldar a una mujer sólo porque es mujer y no porque sea tan buena artista —nunca he defendido esa bandera.[751]

JULIETA VENEGAS

MÚSICA

La música es para mí lo mismo que para usted la palabra aire.[752]

JOAQUÍN ACHÚCARRO

Yo soy moro.[753]

ISAAC ALBÉNIZ

Trabajando yo sola he llegado a conocer mi voz y a comprenderla en relación con el resto de mí. Yo nunca he querido forzarla más allá de sus capacidades.[754]

VICTORIA DE LOS ÁNGELES

Yo vivo diciendo que las canciones no aparecen cuando uno quiere, sino cuando a ellas se les pega la gana.[755]

RICARDO ARJONA

La música, si es estupenda, une a las personas y eso es lo que yo quería hacer.[756]

CLAUDIO ARRAU

Yo no toco jazz y no toco música latina. Mezclo algunos de esos estilos pero de una manera que no es muy obvia. Lo hago a mi manera.[757]

"GATO" BARBIERI

Poco después de salir del conservatorio una cantante española me dijo que no pasaría de ser cantante de zarzuela, y un agente artístico muy famoso en Roma me aconsejo paternalmente, "Señorita, vuelva a España y cásese".[758]

MONTSERRAT CABALLÉ

He aprendido a soltarme un poco con mi canto... hay más carácter cuando cantas y lo sueltas. Si algo no sale perfecto, pues está bien...[759]

MARIAH CAREY

Debo decir sobre el público americano —usualmente los de Nueva York, pero por toda Norteamérica— son muy, muy leales.[760]

JOSÉ CARRERAS

Un gran conductor tiene que ser antes que todo un gran intérprete.[761]

PABLO CASALS

La gente no tiene idea de lo que es poder poner pensamiento, lenguaje, humor todo junto y... abrir mi boca y crear lo que hizo Mozart, lo que hizo Verdi.[762]

JUSTINO DÍAZ

Mi sueño de niño fue llegar a ser otro Jorge Negrete.[763]

La voz es una parte, pero sobre todo cuenta el alma. Se trata de transmitir sentimientos profundos que provienen del alma. Ahí, quizá, resida la diferencia, porque todas las almas son diferentes.[764]

PLÁCIDO DOMINGO

Yo quería ser como Segovia. Quería ser el mejor guitarrista clásico del mundo... es una meta tonta cuando eres un niño y ahora de adulto lo puedo ver.[765]

JOSÉ FELICIANO

No existe la improvisación. Sólo existe la composición. Sólo que lo haces rápido; estás componiendo al momento.[766]

JERRY GARCIA

> Aquí me pongo a cantar
> Al compás de la vigüela,
> Que el hombre que lo desvela
> Una pena extraordinaria
> Como el ave solitaria
> Con el cantar se consuela.[767]

JOSÉ HERNÁNDEZ

Para mí la música siempre ha representado religión.[768]

JUANES

Las más profundas gracias por un premio que me permite equipararme a los más grandes, cuando yo no tengo estatura ni para eso, ni para nada.[769]

Al recibir el Premio Guerrero.
ALICIA DE LARROCHA

No es común que una mujer con mi color de piel conduzca música seria, así que tengo que conocer la partitura de arriba a abajo y trabajar el doble de duro que los conductores masculinos.[770]

TANIA LEÓN

La voz es espejo de tu interior, te brinda la oportunidad de conocerte a ti mismo, a nivel físico y emocional. De hecho, se canta como se es.[771]

CARLOS MENA

Yo tocaba sesenta, setenta, cien veces cada noche hasta que mis dedos sangraban.[772]

La buena música flamenca es más seria que lo que las personas ajenas al asunto piensan. Es música muy profunda, muy fundamental. No es intelectual, es lo que sentimos.[773]

CARLOS MONTOYA

La ópera es carrera de fondo, no de velocidad.[774]

MARÍA JOSÉ MORENO

Recibí del cielo el regalo de la música y no podría hacer otra cosa que hacer música. La vocación es compulsoria.[775]

Traté de rescatar la guitarra del entretenimiento folclórico del flamenco.[776]

ANDRÉS SEGOVIA

OPORTUNIDAD

La oportunidad de ser grande se escapa siempre de manos de los pequeños.[777]

PEDRO ALBIZU CAMPOS

Espero y deseo que llegue el día en que la gente sea juzgada no por de dónde proceden y su género, sino por su habilidad.[778]

LINDA ALVARADO

A los mexicanos no se les ha caracterizado de una manera muy realista en Hollywood. Ahora como director tengo la oportunidad de cambiar esa imagen.[779]

ALFONSO ARAU

No hay nada tan bello como esos 67 segundos en que caes del cielo. Y es que les digo a los muchachos; sean las que sean, hay que aprovechar las oportunidades que la vida te da.[780]

CELIA GONZÁLEZ-ELLIOT

Oportunidad

En vez de gimotear que no hay roles [en el cine] para las mujeres o los latinos, los estoy creando.[781]

No puedes solamente esperar a que las cosas cambien, ¿Qué estás haciendo para cambiarlas?[782]

SALMA HAYEK

Creo que es una fortuna que se le abra a uno esta clase de puertas... pero también hay que abrirlas para otros.[783]

NATALIA LAFOURCADE

Para encontrar la oportunidad... hay que creer.[784]

JORGE L. MÁS CANOSA

Estoy convencida de que en la vida uno pone la energía en lo que quiere, consciente o inconscientemente y se abre a las oportunidades. Creo en la suerte pero pienso que cada uno hace la suya.[785]

EVA MENDES

Una vez adquieres conocimientos, las puertas de la oportunidad se te abren.[786]

ANTONIA PANTOJA

Cuando eres muy joven tienes todos los caminos abiertos, desde ganar Wimbledon hasta ser físico nuclear. Pero, a medida que vas cumpliendo años, esas posibilidades se van cerrando.[787]

CARMEN POSADAS

OPTIMISMO

....

Yo soy siempre optimista. Si usted trabaja duro y desea ciertas cosas, las conseguirá.[788]

ALFONSO ARAU

El optimista sueña que tiene alas; el pesimista sueña que no tiene pies.[789]

VICENTE GAR-MAR

No suelen ser nuestras ideas las que nos hacen optimistas o pesimistas, sino que es nuestro optimismo o nuestro pesimismo, de origen fisiológico o patológico quizás, tanto el uno como el otro, el que hace nuestras ideas.[790]

MIGUEL DE UNAMUNO Y JUGO

ORGULLO

Nací agraciada. Puedo hablar de mis dones con poca o ninguna modestia, pero con tremenda gratitud, precisamente porque son dones, no cosas que he creado, o acciones de las cuales puedo estar orgullosa.[791]

JOAN BAEZ

Ya puedes desechar esos pensamientos de orgullo: eres lo que el pincel en manos del artista, y nada más.[792]

SAN JOSEMARÍA ESCRIVÁ

PASADO

El pasado amoroso del hombre le sirve a la mujer de garantía; el pasado amoroso de la mujer le sirve al hombre de desesperación.[793]

ENRIQUE JARDIEL PONCELA

En la vida jamás se puede volver atrás.[794]

RAMÓN SAMPEDRO

Los que no recuerdan el pasado están condenados a repetirlo.[795]

GEORGE SANTAYANA

El pasado, aunque duela, sirve de experiencia... te ayuda a enfrentar el futuro con valor y con más malicia.[796]

ALICIA VILLAREAL

PASIÓN

La pasión es destructiva o constructiva, puede darte o quitarte, pero siempre es irrenunciable.[797]

VICENTE ARANDA

La raza sajona piensa con la cabeza; la raza latina piensa con el corazón.[798]

TOMÁS CARRIÓN MADURO

¡Yo vivo! ¡Muy poca gente vive![799]

PABLO CASALS

Lo que sólo sucede una vez en la vida es la pasión.[800]

No me gusta mucho la palabra melancolía. Creo que mancha de gris las cosas. Prefiero el dolor o la vehemencia. Prefiero la llaga o la euforia.[801]

ANTONIO GALA

En mi vida he hecho las cosas con mucha pasión y al cien por ciento, y quizá ese haya sido mi secreto. Hacer las cosas a medias nunca ha sido mi filosofía.[802]

CARLOS SAINZ

Soy una mujer muy pasional pero controlada. La pasión sin control te puede emborrachar y llevarte a cometer locuras.[803]

MARTA SÁNCHEZ

La pasión en el mayor grado nos priva de nuestra ordinaria manera de ser; pero también es cierto que nunca se ve mejor hasta lo íntimo de nuestras entrañas que cuando, ofuscada la razón, nos olvidamos del mundo y de nosotros mismos.[804]

MANUEL TAMAYO Y BAUS

Sólo los apasionados llevan a cabo obras verdaderamente duraderas y fecundas.[805]

MIGUEL DE UNAMUNO Y JUGO

Hay que controlar las pasiones que a veces te llevan por caminos muy turbios.[806]

EDUARDO VERÁSTEGUI

PATRIOTISMO

La patria hay que amarla como se ama a una mujer, espiritual y físicamente.[807]

PEDRO ALBIZU CAMPOS

He vivido menos de la mitad de mi vida en ese país y cuando lo visito me siento extranjera, porque en realidad yo pertenezco a un Chile inventado por Pablo Neruda.[808]

ISABEL ALLENDE

En España la sangre suplanta al drama y el insulto al debate.[809]

FERNANDO ARAMBURU

¡Ah, Nicaragua
vos sos mi hombre
con nombre de mujer![810]

¿Dónde escondo este país de mi alma para que nadie más me lo golpee? Nicaragua herida sangra lodo por las llagas abiertas de su corazón. ¿Quién te sanará país pequeño?[811]

GIOCONDA BELLI

Mi único amor siempre ha sido la patria: mi única ambición, su libertad.[812]

SIMÓN BOLÍVAR

Para mí España representa mi corazón y mi alma; es donde se crean mis mejores recuerdos.[813]

ALBERTO COSTA

No nacemos en un lugar por gusto.[814]

MARÍA ELENA CRUZ VARELA

La patria no es bandera, ni es himno, ni es ruido. La patria es esfuerzo creador, es sentido de responsabilidad social, es respeto a la razón y es amor a la libertad.[815]

LUIS A. FERRÉ

Amamos a la patria porque es el punto de partida.[816]

EUGENIO MARÍA DE HOSTOS

¡No pasarán![817]

> *Consigna de los republicanos durante*
> *la guerra civil española, 1936–39*
> **DOLORES IBÁRRURI**

Yo de alguna manera cuando me subo a un escenario sigo estando en Algeciras. Yo inconscientemente siempre estoy en mi tierra, vivo en mi tierra. Todo lo que sucede en mi vida está vinculado a ella.[818]

> **PACO DE LUCÍA**

> Cuba y Puerto Rico son
> de un pájaro las dos alas,
> reciben flores y balas en un mismo corazón.[819]

> **LOLA RODRÍGUEZ DE TIÓ**

¡Me duele España![820]

> **MIGUEL DE UNAMUNO Y JUGO**

El amo de la tierra es el amo de la patria.[821]

> **MANUEL ZENO GANDÍA**

Paz

Temo la paz más aún que a la guerra.[822]

SIMÓN BOLÍVAR

Si queremos paz preparémonos para la paz viviendo la vida de solidaridad humana.[823]

FEDERICO DEGETAU

Perdón

He sido víctima de mis perseguidores, que me han conducido a las puertas del sepulcro. Yo los perdono.[824]

SIMÓN BOLÍVAR

Yo prefiero pedir perdón que pedir permiso.[825]

JOSÉ CORBACHO

Si no te perdonas a ti mismo algo, ¿Cómo puedes perdonar a otros?[826]

DOLORES HUERTA

Ser humilde implica que una persona tenga la suficiente entereza para admitir cuando ha cometido un error y pedir perdón por ello.[827]

JENNIFER LOPEZ

No tengo que perdonar a mis enemigos, los he mandado a matar a todos.[828]

RAMÓN MARÍA NARVÁEZ

Cuando se conoce todo suele perdonarse mucho.[829]

MANUEL DEL PALACIO

PEREZA

····················

Un hombre con pereza es un reloj sin cuerda.[830]

JAIME BALMES

Mi idea de diversión es no tener absolutamente nada que hacer.[831]

CARMEN POSADAS

Mi lema es la teoría del caos y el no dejes para mañana lo que puedas hacer pasado mañana.[832]

CARLOS RUIZ ZAFÓN

PERSEVERANCIA

Como me decía mi madre, en inglés y en español, "No te des por vencida, ni ahora, ni nunca... mi'jita, empieza pequeño, pero piensa muy grande".[833]

LINDA ALVARADO

Uno mismo debe conocer hasta donde son sus limitaciones y saber en qué momento regresar para después intentarlo con mejor preparación.[834]

ELSA CARSOLIO

Más vale sembrar una cosecha nueva que llorar la que se perdió.[835]

ALEJANDRO CASONA

El que resiste, vence.[836]

CAMILO JOSÉ CELA

Me gusta empujar las cosas lo más posible que puedan ir en una dirección y entonces dar un paso atrás para encontrar un balance. Si no, ¿cómo sabes cuáles son tus límites?[837]

JOSÉ CURA

El destino mismo doblega su frente ante el corazón inquebrantable que marcha sereno en medio del tormento.[838]

JUAN T. GONZÁLEZ

Es difícil llegar donde uno quiere llegar, pero si uno quiere... puede llegar.[839]

MARIO MORENO "CANTINFLAS"

Soy súper luchona.[840]

ADELA NORIEGA

Lo que todos en el cuerpo de astronautas tienen en común no es género o trasfondo étnico sino motivación, perseverancia y deseo —el deseo de participar en un viaje de descubrimiento.[841]

ELLEN OCHOA

La fortaleza quiere decir que tienes un sentido de valor propio suficiente para que te mantenga y te empuje hacia delante contra desventajas insuperables.[842]

EDWARD JAMES OLMOS

La obsesión tiene que ver con el fanatismo. Pero las personas que logran cosas importantes son fanáticas de lo suyo. Yo soy un fanático.[843]

JUAN MANUEL DE PRADA

La combinación es la perseverancia, la fe, la tenacidad, tener esa dosis de coraje, de levantarse cada vez que te cierren una puerta.[844]

EDUARDO VERÁSTEGUI

PODER

No hay justicia mayor que el poder, y yo soy poderosa.[845]

DORA ALONSO

Te llamas liberal y despreocupado, y el día que te apoderes del látigo azotarás como te han azotado.[846]

MARIANO JOSÉ DE LARRA

Es la lección fundamental: que el poder no se otorga, se toma.[847]

ROBERT MENÉNDEZ

El poder petrifica y no tiene el menor interés en cambiar ni en variar, ni en nada.[848]

JOSÉ LUIS SAMPEDRO

POLÍTICA

No podemos tener al pez grande comiéndose al pequeño. Queremos crecimiento económico pero con justicia social.[849]

PAPA ALEJANDRO VI

Quiero que todos los mexicanos tengan un Cadillac, un tabaco y un boleto para la plaza de toros.[850]

MIGUEL ALEMÁN

La Monarquía está y estará por encima de los partidos, sectas y concepciones políticas en la labor del gobierno, y yo no aceptaría jamás volver a sentarme en el trono sin plena libertad de promover la conciliación de todos los españoles.[851]

Rey Alfonso X
(Alfonso "El Sabio")

No soy ni un caudillo ni una figura del Mesías; ni soy un hombre enviado por la providencia. Soy un socialista militante; un hombre que se ha dado cuenta de que solamente la unidad proveía la esperanza de victoria para la gente.[852]

Salvador Allende

¿Dónde está la patria, amigo? Ni en el corazón ni en la saliva.[853]

José María Arguedas

Las tareas del desarrollo no deben ser únicamente responsabilidad de los gobiernos, sino que la ciudadanía toda debe y puede contribuir a la solución de los problemas con iniciativas privadas.[854]

Violeta Barrios de Chamorro

Es cierto que yo siempre he tenido un profundo interés en la gente y la razón por la cual me dedique a la política... es que fui arrastrado por la indignación que sentí por el maltrato y los crímenes que victimizaban a la clase desheredada de mi país.[855]

José Battle y Ordóñez

Que no se pierdan, pues, las lecciones de la experiencia; y que las escuelas de Grecia, de Roma, de Francia, de Inglaterra y de América nos instruyan en la difícil ciencia de crear y conservar las naciones con leyes propias, justas, legítimas y, sobre todo, útiles.[856]

El que sirve a una revolución ara en el mar.[857]

SIMÓN BOLÍVAR

Nadie pensará jamás que la Monarquía pueda ser el coto cerrado de un grupo o clase, sino recinto acogedor, para todos abierta y por el esfuerzo de todos sostenida.[858]

JUAN DE BORBÓN Y BATTENBERG

La democracia es una superstición basada en la estadística.[859]

JORGE LUIS BORGES

En los Estados Unidos insisten que nuestros países sean democráticos y que tengamos elecciones cada cuatro años. Pero en los Estados Unidos no conocen la situación de personas sin escuelas, trabajo u hospitales.[860]

JUAN BOSCH

Hoy se nos olvidan los millones de vidas perdidas en las últimas guerras. Tenemos la tendencia de pensar en otras cosas que se refieren a nuestras necesidades físicas, a nuestra diversión. Por eso es que creo que el mundo está yendo para atrás.[861]

PABLO CASALS

Una revolución no es un lecho de rosas. Una revolución es una lucha hasta la muerte entre el futuro y el pasado.[862]

FIDEL CASTRO

La era de las revoluciones en América Central se ha terminado.[863]

EMILIANO CHAMORRO

Cuando se recogen las uvas, se recoge un racimo a la vez. Eventualmente se recoge todo el viñedo. Organizar no es diferente. Pero la gente no va a venir a uno, uno tiene que ir a la gente.[864]

CÉSAR CHÁVEZ

Aquí no vendrá la OEA ni nadie... ¡Bastantes cojones hay aquí para defender a la patria de cualquier extranjero que pretenda humillarla, carajo![865]

HUGO CHÁVEZ

[Mis santos de cabecera son] san Marx, san Lenín y san Stalin.[866]

DOMINGO DOMINGUÍN

No les daré [al pueblo] pescado, pero los enseñaré a pescar.[867]

SIXTO DURÁN BALLÉN

Los buenos gobernantes son unos hombres justos que resisten y vencen una tentación muy poderosa y son muy raros para desgracia del linaje humano.[868]

PADRE FÉLIX VARELA

Los políticos que me han hecho daño serán substituidos. A mí no me sustituye nadie.[869]

LOLA FLORES

Ser socialista no es lo mismo que ser tonto.[870]

FELIPE GONZÁLEZ

No tengo casa, ni mujer, ni hijos, ni padres, ni hermanos; mis amigos son amigos mientras piensen políticamente como yo.[871]

ERNESTO "CHE" GUEVARA

No me interesan la política ni los políticos. Pienso que no pueden resolver nada para la humanidad. A veces pienso

que no tienen ni deseo de no resolver nada, quieren
resolver sus propios problemas de poder.[872]

PEDRO JUAN GUTIÉRREZ

Si tengo la suerte de hacerme oír y no la aprovecho para
denunciar las injusticias que hay en el mundo, no me lo
perdonaría.[873]

BIANCA JAGGER

Debo luchar con todas mis fuerzas para que lo poco
positivo que mi salud me deje hacer sea en dirección a
ayudar a la revolución. La única razón real para vivir.[874]

FRIDA KAHLO

Para Cuba que sufre, la primera palabra. De altar se ha de
tomar a Cuba, para ofrendarle nuestra vida y no de
pedestal para levantarnos sobre ella.[875]

JOSÉ MARTÍ

La tradición indica que los conversos suelen ser feroces en
la defensa de sus nuevas convicciones.[876]

CARLOS ALBERTO MONTANER

Para nosotros Marx es un propulsor. Ya he dicho que
vemos en él a un jefe de ruta que equivocó el camino,
pero jefe al fin. Como conductor del movimiento obrero

internacional, los pueblos del mundo le deben que les haya hecho entender que los trabajadores deben unirse.[877]

La oligarquía nunca ha sido hostil a alguien que le pudiese ser útil.[878]

EVA PERÓN

No soy político. No soy técnicamente proficiente en tales asuntos. Pero el comunismo representa ciertos ideales en los cuales creo. Yo creo que el comunismo está trabajando para lograr esos ideales.[879]

PABLO PICASSO

Porque, señores, esto hay que decirlo, cuando el ejército sale a la calle, sale a matar. Desgraciadamente es así. El ejército está entrenado para acciones de guerra y no posee como carabineros elementos que permitan disolver manifestaciones.[880]

AUGUSTO PINOCHET UGARTE

Vote según le dicte su conciencia y nunca se equivocará.[881]

IRMA RANGEL

Mis oponentes hacen campaña electoral antes de las elecciones y entonces desaparecen. Yo empiezo el día después de las elecciones y nunca paro.[882]

FELISA RINCÓN DE GAUTIER

Si sólo haces política, ¿de que vives después?[883]

IRENE SÁEZ CONDE

Protestaré para satisfacerme a mí mismo si no hay nadie que me apoye.[884]

AUGUSTO SANDINO

El general San Martín jamás derramará la sangre de sus compatriotas y sólo desenvainará la espada contra los enemigos de la independencia sudamericana.[885]

JOSÉ DE SAN MARTÍN

El exilio no es un tema... es una condición.[886]

TOMÁS SEGOVIA

Los gobiernos no pueden quedarse solamente en estas oficinas, los gobiernos tienen que estar en permanente contacto con la comunidad.[887]

ÁLVARO URIBE

En Cuba se aprende muy temprano en la vida que los monstruos existen. Mi vida entera es dolor y paranoia. Me siento como la víctima del monstruo. Habemos millones de nosotros en y fuera del

exilio que somos víctimas de esa dictadura
diabólica.[888]

Zoé Valdés

PRINCIPIOS

....

Jamás, por nada ni nadie, traicionaría mis principios.[889]

Román Baldorioty de Castro

Perú esta fundado en dos factores que chocan con todo
principio justo y liberal: oro y esclavos.[890]

Simón Bolívar

Un principio justo, desde el fondo de una cueva puede más
que un ejército.[891]

José Martí

Me saca de quicio ese tipo de persona correveidile, el
filtrador, el que no tiene palabra, el que hace daño sin
necesidad. Lo que ocurre es que no soy un hombre
temperamental que manifieste abiertamente mis cabreos.[892]

Mariano Rajoy

La deslealtad me saca de quicio. Es algo que nunca he podido soportar. Yo soy un hombre de profundas lealtades tanto personales como ideológicas y políticas. Por eso, es una de esas cosas que no puedo perdonar y casi nunca olvidar.[893]

JOSÉ LUIS RODRÍGUEZ ZAPATERO

Quiero morir esclavo a los principios, no a los hombres.[894]

EMILIANO ZAPATA

PROFESIÓN

He tratado deponer adjetivos detrás de los sustantivos y es a lo que he dedicado toda mi vida.[895]

JULIO CAMBA

Tienes que tener mucha convicción de que esta carrera te gusta. Cuando empiezas es importante que te guste muchísimo la música porque te van a cerrar muchas puertas, te vas a encontrar muchísimas piedras en el camino.[896]

CHAYANNE

Las manos reflejan la profesión.[897]

MIGUEL NAVARRO

Ahora puedo hacer lo que siempre he querido hacer.[898]
Al saber que el programa de aviación de la
fuerza aérea estaba abierto a las mujeres.

OLGA NEVÁREZ CUSTODIO

Te haces médico de verdad cuando puedes compartir el dolor.[899]

ANTONIA NOVELLO

En principio la investigación necesita más cabeza que medios.[900]

SEVERO OCHOA

Me hice abogado que es la carrera de los ricos tontos y de los pobres listos.[901]

ARMANDO PALACIO VALDÉS

Yo escribo para estar a gusto, yo no sufro escribiendo. Es más, pienso que quien sufre debería cambiar de oficio porque se ha equivocado de profesión. Para mí, escribir es prolongar una situación placentera.[902]

ARTURO PÉREZ-REVERTE

La gente me definía como la hija de Pablo Picasso. Yo
pensé, "Así no es cómo me defino yo". Tengo que
definirme por lo que soy, y aún más que eso decidí
definirme por lo que yo hago.[903]

PALOMA PICASSO

Los periodistas pecamos por ser permanentemente
escépticos; partimos de la sospecha de que los poderosos,
por lo general, abusan del poder y ocultan lo malo.[904]

JORGE RAMOS

Era imposible para mí cambiarle el destino a nadie como
abogado de los pobres.[905]

Yo no pretendo ser objetivo. Pero no estoy en el negocio de
hacer a la gente llorar. Estoy en el negocio de lograr
cambios.[906]

GERALDO RIVERA

Lo más importante es que busques la forma de entrar al
mundo de tu profesión. Como sea: si eres doctor, empieza
como enfermero… lo importante es estar adentro del
medio y conocer a mucha gente.[907]

NEIDA SANDOVAL

Los arqueólogos estamos convencidos de que sólo se encuentra algo cuando no lo esperas, pero siempre esperamos encontrar algo.[908]

> MIRIAM SECO

Esta profesión —la de periodista— es muy venenosa.[909]

> ALMUDENA SOLANA

Ejercer la psiquiatría no te confiere una mayor profundidad psicológica; lo verdaderamente necesario es tener capacidad de observación.[910]

> JOSÉ CARLOS SOMOZA

En el periodismo te das golpes y aprendes lecciones a la fuerza. La lección más valiosa que he aprendido es que está bien si no lo sabes todo.[911]

> ELIZABETH VARGAS

El periodismo resulta ser la expresión de la literatura del siglo XX.[912]

> MANUEL VINCENT

RAZA

Tenemos que ser honestos, tenemos que ser veraces y hablar del tabú en la vida norteamericana que es el racismo.[913]

HENRY CISNEROS

Un ciego no vive en la oscuridad... para mí no hay racismo, todo el mundo es igual porque el color para nosotros, los ciegos, no existe.[914]

JOSÉ FELICIANO

Comprendo que el marrón es bonito, pero también lo es el blanco, el rosado o lo que seas. Somos una minoría cultural. Tenemos desde [los colores obscuros de] Celia Cruz hasta el mío y todo lo que está entre las dos.[915]

CRISTINA SARALEGUI

RAZÓN

El sueño de la razón produce monstruos.[916]

FRANCISCO DE GOYA Y LUCIENTES

Por la razón o por la fuerza.[917]

BERNARDO O'HIGGINS

El hombre, dicen, es un animal racional. No sé por qué no se haya dicho que es un animal afectivo o sentimental. Y acaso lo que de los demás animales le diferencia sea más el sentimiento que no la razón.[918]

Porque las razones no son nada más que razones, es decir, ni siquiera son verdades.[919]

MIGUEL DE UNAMUNO Y JUGO

REALIDAD

El pensar es el deseo de alcanzar la realidad por medio de las ideas.[920]

Hay tantas realidades como puntos de vista.[921]

JOSÉ ORTEGA Y GASSET

RECONCILACIÓN

La reconciliación es más bella que la victoria.[922]

VIOLETA BARRIOS DE CHAMORRO

RELIGIÓN

Cuando yo tenía diez años le di expresamente a Dios un año para que se manifestara. No lo hizo.[923]

PEDRO ALMODÓVAR

Yo no respeto y condeno a aquellos que hacen manipulación de la fe para destruir al ser humano y su libertad.[924]

JAVIER BARDEM

Soy un hombre de fe, pero fe no es una palabra de dominio exclusivamente religioso, ni muchos menos patrimonio de ninguna iglesia.[925]

MIGUEL BOSÉ

Gracias a Dios que aún soy ateo.[926]

Luis Buñuel

Yo soy religioso, pero no fanático. Con el paso de los años, hay más preguntas sin respuesta en mi visión de la religión, pero uno tiene que pensar que hay un ser superior que ha creado todo esto, no puede haber surgido de la nada, vamos, digo yo.[927]

La gloria humana sólo es una metáfora. Para los creyentes, y yo lo soy, la única gloria es la que se disfruta en el cielo.[928]

Plácido Domingo

Las obras en servicio de Dios nunca se pierden por falta de dinero: se pierden por falta de espíritu.[929]

San Josemaría Escrivá

El amor es acercarse a todo, incluso a Dios.[930]

Emilio "Indio" Fernández

Mi única religión es disfrutar de la vida.[931]

Javier Hidalgo

Yo me siento muy conectada con Dios y con el hecho que nos guía y nos manda señales.[932]

Jennifer Lopez

[El golf es] la razón por la que Dios me puso en este mundo... yo pienso que estoy haciendo que la gente crea en muchas cosas. No soy una persona de Jesús. No le predico a nadie, pero creo que hay mucho poder en el Señor.[933]

NANCY LOPEZ

La religión siempre tiene un algo de misterio, porque en definitiva trata de dar respuestas a lo que no conocemos.[934]

JULIA NAVARRO

Señor, auméntame los sufrimientos, pero auméntame en la misma medida tu amor.[935]

Conozcan todos que la gracia sigue a la tribulación. Sepan que, sin el peso de las aflicciones, no se llega al colmo de la gracia. Comprendan que, conforme al crecimiento de los trabajos, se aumenta juntamente la medida de los carismas.[936]

SANTA ROSA DE LIMA

A mí, me sienta bien creer, y me gusta que la gente sepa que tengo fe y transmitir los valores que tengo, lo que no quiere decir que sea más blando.[937]

IÑAKI SÁEZ

Yo ya sólo soy responsable ante Dios y la historia. Y los dos me importan tres pepinos.[938]

JOSÉ LUIS SAMPEDRO

La religión en su humildad restituye al hombre a su dignidad única, que es el valor de vivir en gracia.[939]

GEORGE SANTAYANA

El principal problema de la Iglesia es nuestra mediocridad espiritual.[940]

FERNANDO SEBASTIÁN

RENCOR

Hay dos tipos de rencores: los viejos rencores, que son a muerte y para siempre, y los nuevos rencores, que se administran mejor.[941]

FELIPE GONZÁLEZ

A veces me gustaría ser capaz de tener rencor, porque me siento un poco tonta.[942]

JULIA NAVARRO

¿Rencores? ¡De qué sirven! ¿Qué logran los rencores? Ni restañan heridas, ni corrigen el mal.[943]

AMADO NERVO

RESPETO

El respeto lo es todo para mí. Yo me puedo volver en una tigresa si no se me trata con respeto.[944]

MARÍA CONCHITA ALONSO

Creo que lo que [las mujeres] han de reclamar es, ante todo, respeto; a partir de ahí, lo demás —autoconfianza sobre todo— vendrá después, por añadidura.[945]

ISABEL COIXET

Somos algo así como la mala arquitectura o una prostituta vieja. Si te quedas por suficiente tiempo, eventualmente te respetan.[946]

JERRY GARCIA

Respétate si quieres que otros te respeten.[947]

BALTASAR GRACIÁN Y MORALES

Si de verdad no le gusta algo, no lo mencione.[948]

CAROLINA HERRERA

El respeto ajeno es la paz.[949]

BENITO JUÁREZ

Yo sólo digo lo agradable, el resto lo callo.[950]

MERCEDES SALISACHS

Ejercita, vigila tu dieta y respétate como persona.[951]

RAQUEL WELCH

RIESGO

....

La capacidad de levantarte es algo que casi todo el mundo tiene, pero desde chicos estamos entrenados a limitarlo, creando barreras y dispuestos a veces a vivir con cierto nivel de insatisfacción por no querer tomar riesgos.[952]

FERNANDO ESPUELAS

No se puede crecer sin trabajar mucho y duro y sin tomar algún riesgo.[953]

GLORIA ESTEFAN

A lo que ellos llaman riesgo, yo le llamo reto.[954]

LEOPOLDO FERNÁNDEZ PUJALS

Hay circunstancias en la vida en las cuales es necesario arriesgarlo todo si uno quiere seguir viviendo física y moralmente.[955]

BENITO JUÁREZ

No temas el tomar riesgos y si fracasas trata de nuevo y de nuevo.[956]

PATRICIA MADRID

SABIDURÍA

Con el paso de los años nos convertimos en más de lo que somos.[957]

ISABEL ALLENDE

He recibido sus improperios. Ahora espero sus
argumentos.[958]

JORGE LUIS BORGES

El silencio no es precisamente lo que suele meter la pata.[959]

JAIME CAMPMANY

Nada hay que haga reflexionar mejor que una buena
pregunta.[960]

ANTONIO GALA

La sabiduría nos llega cuando ya no nos sirve de nada.[961]

GABRIEL GARCÍA MÁRQUEZ

Hay muy pocos seres humanos que reciben la verdad,
completa y asombrosa, por iluminación instantánea. La
mayoría la reciben fragmento a fragmento en una escala
pequeña, celularmente, como un mosaico elaborado.[962]

ANAÏS NIN

Saber perder es la sabiduría.[963]

OSVALDO POL

Si el sabio no paraba, malo. Si el necio aplaude, peor.[964]

FÉLIX MARÍA SAMANIEGO

El escepticismo es la castidad del intelecto, y es vergonzoso rendirlo muy rápido o al primero que venga.[965]

GEORGE SANTAYANA

He dedicado mucho espacio y tiempo a la ética para al final darme cuenta de que todo se reduce a tres virtudes: coraje para vivir, generosidad para convivir, y prudencia para sobrevivir.[966]

FERNANDO SAVATER

No hay espejo que mejor refleje la imagen del hombre que sus palabras.[967]

JUAN LUIS VIVES

SÁTIRA

La sátira es una especie de lugar donde se quema la basura social.[968]

ANDRÉS RÁBAGO

SENSUALIDAD

Una mujer desnuda con zapatos de tacón alto vuelve locos a los hombres... nunca falla.[969]

ANITA ALVARADO

Los hombros a mí se me hacen la parte más sexy del cuerpo.[970]

RAFAEL AMAYA

La mujer más linda y seductora es la tapada y con la espalda al aire hasta la rayita de la cola.[971]

DANIELA CARDONA

Yo siempre he visto el flamenco como algo misterioso, un poco oscuro. Siempre ha sido sensual, pero en el espectáculo la gente observa y saca mi sensualidad. Hace salir al animal que llevo adentro.[972]

JOAQUÍN CORTÉS

A veces el maquillaje con que nos cubrimos es divertido y sensual, pero también es para evitar que a uno le hagan daño, como un caparazón.[973]

ALEJANDRA GUZMÁN

A las mujeres les seduce que se las seduzca.[974]

ENRIQUE JARDIEL PONCELA

¿Cómo alguien puede disfrutarte si no te disfrutas a ti mismo?[975]

JENNIFER LOPEZ

Si en tu relación haces una labor diaria de seducción no tienes que preocuparte por el futuro.[976]

NIURKA MARCOS

El sexo es como la nutrición; un solo hecho fisiológico. La sensualidad sería la gastronomía.[977]

JOSÉ LUIS SAMPEDRO

SENTIMIENTO

No pienses. Es mejor sentir.[978]

PABLO CASALS

He descubierto un sentimiento fundamental en mi corazón que gobierna por completo mi espíritu y mi vida. Ese sentimiento es mi indignación al ser confrontada por la injusticia.[979]

EVA PERÓN

SEXUALIDAD

....

Le puedo quitar cualquier mujer a cualquier hombre.[980]

MERCEDES DE ACOSTA

Creo que a la gente le asusta cuando una mujer está cómoda consigo misma, con su sexualidad.[981]

CHRISTINA AGUILERA

En sí mismo el sexo es un acto de amor.[982]

JAVIER BARDEM

Aunque sea puro sexo, siempre hay una pincelada de cariño.[983]

En la cama hay que juntar buena información y mucho entretenimiento.[984]

LORENA BERDÚN

Estoy harto de que los dos sexos biológicos se entiendan como dos únicas tendencias sexuales.[985]

MIGUEL BOSÉ

Hay que irse a la cama con alguien a quien quieras, pero si una noche surge el flechazo y viene la cama, tampoco pasa nada. En el amor no existen las normas ni los conflictos morales.[986]

MARÍA TERESA CAMPOS

Yo vengo de una familia muy estricta. No me dejaban salir mucho. Me acuerdo que me dijeron, "Una vez lo hagas, una vez cometas ese error, ningún hombre te querrá".[987]

VICKY CARR

La sexualidad humana ha sido regulada y moldeada para servir las necesidades del hombre.[988]

ANA CASTILLO

Las fantasías eróticas me ocupan mucha parte del tiempo que no consigo pintar.[989]

De repente me tiraba al suelo para besar apasionadamente los zapatos de Gala.[990]

Quiero una rubia que se deje hacer lo que yo quiera.[991]

SALVADOR DALÍ

Ser lujurioso no significa ser promiscuo, sino saber disfrutar del sexo sin contar con el orden impuesto por la Iglesia. Si la lujuria es una enfermedad, yo quiero estar enferma: ¡Para un placer gratis que nos queda![992]

El amor puede ser el mejor afrodisíaco.[993]

LUCÍA EXTERBARRÍA

La intimidad es como el amor, llega cuando llega.[994]

DAVID FUMERO

Sexo es sexo, con amor o sin amor, pero con amor se multiplica por 80 mil.[995]

En el sexo se vale todo.[996]

GAÉL GARCÍA BERNAL

Muchos de los hombres con quien he estado se acuestan con *Gilda* y se levantan conmigo.[997]

RITA HAYWORTH

El que satisface sexualmente a una mujer es su dueño, el que no la satisface sexualmente es su esclavo.[998]

ENRIQUE JARDIEL PONCELA

Me repele la Iglesia. Me eduqué con curas y sodomizaban a todo quisqui.[999]

FRANCISCO MARTOS

Estudié tantra. Con el tantra hay tantas expresiones erótico-sexuales, tantos baños, la naturaleza, tantas cosas, que tú tienes sexo con la vida.[1000]

WALTER MERCADO

Jamás he pensado que el sexo fuera algo malo. Lo he visto siempre como una reacción natural, que si va acompañado de amor, podría ser maravilloso, pero si no, también.[1001]

SARA MONTIEL

Mookie, la última vez que confié en ti acabamos con un hijo.[1002]

A Spike Lee en la película "Do the Right Thing".
ROSIE PEREZ

Todo me hace sentirme sexy, sobre todo el amor.[1003]

PAULINA RUBIO

Para gozar del erotismo hace falta cultura, para gozar del sexo no tanto.[1004]

JOSÉ LUIS SAMPEDRO

Yo hace mucho que no follo sin fumarme un porro.[1005]

FERNANDO SÁNCHEZ DRAGÓ

Es en la cama donde más disfruto y todo lo que puede hacerse en la cama seguro que no querré hacerlo fuera de ella.[1006]

FERNANDO SAVATER

Ser sexy es básicamente sentirte cómodo en tu propia piel.[1007]

BENICIO DEL TORO

He tenido que luchar por ser yo misma y por ser respetada. Estoy orgullosa de llevar este estigma y de llamarme lesbiana. No me alardeo, ni lo transmito a toda voz, pero no lo niego.[1008]

CHAVELA VARGAS

El erotismo es una expresión muy importante de la vida, es el enriquecimiento, a través de la cultura, del amor físico; es la forma de convertir el amor físico en obra de arte.[1009]

MARIO VARGAS LLOSA

SOBREVIVENCIA

Todos hemos sobrevivido algo. Sobrevivimos guerras, sobrevivimos desempleo, sobrevivimos estar enamorados y no estarlo. Sobrevivimos parir. Los seres humanos tienen el espíritu de sobrevivir.[1010]

OLGA TAÑÓN

SOCIEDAD

En las sociedades anémicas, débiles, no se vive con la realidad; se puede poner la mano en todo menos en los símbolos y en las formas.[1011]

PÍO BAROJA

La gente son los únicos que son capaces de transformar la sociedad.[1012]

RIGOBERTA MENCHÚ

Cuando los dioses se van, no se van solos; la dignidad humana los acompaña.[1013]

GASPAR NÚÑEZ DE ARCE

SOLEDAD

La soledad es buena compañía y mi arquitectura no es
para los que le temen o la eluden.[1014]

Sólo en comunión íntima con la soledad puede el hombre
encontrarse a sí mismo.[1015]

LUIS BARRAGÁN

El silencio es también música.[1016]

SANTIAGO CALATRAVA

¿Qué es soledad? Para llenar el mundo
basta a veces un solo pensamiento.[1017]

ROSALÍA DE CASTRO

Quien no ha vertido lágrimas en la soledad, no sabe cuáles
son las lágrimas verdaderamente amargas.[1018]

SEVERO CATALINA

Yo escribo desde la soledad y hablo desde la soledad.[1019]

CAMILO JOSÉ CELA

No hay soledad en el alma si hay riqueza en el espíritu.[1020]

LUIS A. FERRÉ

Entre un amor y otro tiene que desalojarse la casa del corazón. La tierra también tiene sus estaciones de florecer y de fructificar.[1021]

Mis primeros colaboradores son la soledad y el silencio.[1022]

ANTONIO GALA

Mientras más exitoso eres más soledad tienes y menos gente para confiar.[1023]

ENRIQUE IGLESIAS

Si eres orgulloso conviene que ames la soledad; los orgullosos siempre se quedan solos.[1024]

AMADO NERVO

Puedes vivir sin nada, pero no sin nadie.[1025]

LAURA PONTE

Cuando estás solo aprendes muchas cosas de esa soledad para valorar precisamente cuando estás enamorado.[1026]

GABRIEL SOTO

Escribir es defender la soledad en que se está; pero es una soledad que necesita ser defendida, que es lo mismo que necesitar de justificación. El escritor defiende su soledad, mostrando lo que en ella y únicamente en ella, encuentra.[1027]

MARÍA ZAMBRANO

SUEÑOS

¿Qué es la vida? Un frenesí. ¿Qué es la vida? Una ilusión, una sombra, una ficción; y el mayor bien es pequeño; que toda la vida es sueño, y los sueños, sueños son.[1028]

PEDRO CALDERÓN DE LA BARCA

Si es bueno vivir, todavía es mejor soñar, y lo mejor de todo, despertar.[1029]

ANTONIO MACHADO

No cobran nada por soñar.[1030]

EDNITA NAZARIO

La realidad sin sueño no es vida.[1031]

LUIS PALÉS MATOS

Yo sólo quiero hacer que la gente sueñe. Hacer que bailen despacio alrededor de la sala, se sienten en el sofá y se besen apasionadamente.[1032]

LINDA MARIE RONSTADT

El arte de soñar es el arte de vivir.[1033]

MIGUEL RUIZ

El sueño se ha convertido en una pesadilla.[1034]

RAMÓN SAMPEDRO

Les estoy pidiendo que sueñen junto a mí. Sueñen junto a mí con una ciudad de Los Ángeles donde no importe si eres afroamericano, latino, caucásico o asiático.[1035]

ANTONIO VILLARAIGOSA

TEATRO

El hombre de teatro debe ser catalizador de las
necesidades del espectador, aunque en la mayoría de los
casos ni él sepa cuáles son. En las últimas décadas, el
teatro ha olvidado ésto, y se ha invertido el orden de
preferencias.[1036]

ALBERT BOADELLA

Tenía que hacerlo ocho veces a la semana, y deberías saber
algunas de las cosas que fabricaba en mi mente. En un
momento u otro creo que maté a todas las personas que
amo.[1037]

*Comentando sobre representaciones
teatrales agotadoras.*
JOSÉ FERRER

TELEVISÍON

[Las telenovelas son] televisión para las masas pobres de
México para distraerles de su triste realidad y difícil
futuro.[1038]

EMILIO AZCÁRRAGA MILMO

Si algo he logrado ha sido traer pasión a la televisión.[1039]

GERALDO RIVERA

Yo no veo mucho la tele por higiene mental.[1040]

THALÍA

La televisión te encumbra y te destruye fácilmente.[1041]

ALFREDO URDACI

TEMORES

....

Le tengo pavor a los aviones. No me gustan. Cuando puedo viajar en carro lo hago, pero imagínate viajar de Miami a España.[1042]

ALBITA

El día que se torea crece más la barba. Es el miedo. Sencillamente el miedo.[1043]

JUAN BELMONTE

Soy sumamente supersticioso. Esto me da vergüenza. Me digo a mí mismo que después de todo, la superstición es como un tipo de locura, ¿no?[1044]

JORGE LUIS BORGES

Tengo miedo a lo que le puede pasar a la gente que quiero.[1045]

PENÉLOPE CRUZ

Lo único que me asusta son las tormentas. Ni la vida me asusta.[1046]

ROCÍO DÚRCAL

Le tengo mucho miedo a la mediocridad, no quiero ser mediocre, ni quedarme a medias en las cosas.[1047]

LUPITA JONES

Antes de salir al escenario yo repito mi mantra, "Om, Nama Shivaya", que quiere decir, "Yo honro al dios que vive dentro de todos nosotros".[1048]

LISSETTE

La pena y el miedo no son fugaces.[1049]

JAVIER MARÍAS

[Mi padre] me preguntaba: "¿Y qué es el miedo?" Yo replicaba: pues no sé. "Pues entonces no tienes miedo", me decía. Hoy sé lo que es el miedo: la incógnita ante lo desconocido.[1050]

CARMEN MARTÍNEZ-BORDIÚ

Soy claustrofóbico. Los lugares cerrados me ponen medio nervioso. Por eso me siento tan bien en un escenario, así abierto.[1051]

LUIS ENRIQUE MEJÍA GODOY

Los aviones y los ascensores son una pesadilla.[1052]

CARMEN RIGALT

Todos los problemas de tu vida se desaparecen cuando estás frente a un toro.[1053]

CRISTINA SÁNCHEZ

La única fobia que tengo es a morirme temprano porque cuando uno se muere temprano se le queda muchísimo por hacer.[1054]

GILBERTO SANTA ROSA

Me da pena hablar por teléfono.[1055]

CRISTINA SARALEGUI

[Le tengo miedo] a que no me quieran, y a que se estrelle el avión. Bueno, son miedos que tiene todo el mundo. Pero el miedo, el miedo hay que olvidarlo.[1056]

ALEX UBAGO

TIEMPO

El tiempo es la sustancia que me hace quien soy.[1057]

JORGE LUIS BORGES

Hay años cuando nada pasa y años en los cuales suceden siglos.[1058]

CARLOS FUENTES

Un minuto son sesenta segundos, pero todos sabemos que un minuto puede ser eterno.[1059]

JAVIER MARÍAS

TRABAJO

Lo único que no he podido nunca hacer es trabajar y jugar a la misma vez y en moderación, signifique lo que signifique eso.[1060]

DESIDERIO "DESI" ARNAZ

Quien paga una hipoteca ya está en el mercado. Eso es terrible.[1061]

ALBERT BOADELLA

Trabajo de prisa para vivir despacio.[1062]

MONTSERRAT CABALLÉ

Toda mi vida me he sentido culpable por trabajar, porque a las mujeres de mi generación nos han educado para casarnos.[1063]

MARÍA TERESA CAMPOS

Los problemas personales se quedan en la casa cuando uno sale a trabajar.[1064]

KATE DEL CASTILLO

Creo que la inactividad es el cáncer del alma.[1065]

CELIA CRUZ

Mis padres trabajaron muy duro para criarnos. Así que yo aprendí que tienes que trabajar por las cosas que se te dan, y eso te da felicidad.[1066]

PENÉLOPE CRUZ

Dotado para la crueldad, también lo estaba para el trabajo.[1067]

SALVADOR DALÍ

Desde luego en este trabajo hay buenas vistas.[1068]

PEDRO DUQUE

Echarle muchas horas y tardar mucho más tiempo en pensar lo que tienes que hacer que en hacerlo. Luego, trabajar hasta la total extenuación y en muy poco tiempo.[1069]

Sobre la receta para el éxito.
JUAN MANUEL GONZÁLEZ SERNA

Todo lo que es fácil, fácilmente pasa. Los éxitos perdurables exigen alma y trabajo; es mucho lo que cuestan.[1070]

ADAM NEWMAN

El trabajo debe considerarse como un castigo a no ser que el esfuerzo nazca del interior de uno mismo, en cuyo caso es creación.[1071]

José Luis Sampedro

Haz lo que te decidas a hacer, algo que te guste mucho. Ama tu trabajo, ten pasión por él y hazlo bien.[1072]

Sonia Sotomayor

Suelo ser un sedante para los pretenciosos y un estimulante para los tímidos. Lo que más me gusta es trabajar. Lo que más me cuesta es descansar. Y lo que me da más satisfacción es caminar.[1073]

José Tamayo

Lo que se necesita para tener éxito: trabajo, trabajo y trabajo.[1074]

Miguel Agustín Torres

VALOR

Si se tiene mucho valor, se puede volver a empezar.[1075]

Al recobrar sus bienes confiscados por los sandinistas.

ALEXIS ARGÜELLO

El valor nunca mata a sangre fría.[1076]

PEDRO CALDERÓN DE LA BARCA

¿No sabes tú que no es valentía la temeridad?[1077]

MIGUEL DE CERVANTES SAAVEDRA

El miedo es natural en el prudente, y el saberlo vencer es ser valiente.[1078]

ALONSO DE ERCILLA Y ZÚÑIGA

¡Al diablo con los torpedos! ¡Avante toda![1079]

Querida esposa: Voy a Mobile en la mañana, si Dios es mi líder, como espero que lo sea y en sus manos confío. Si el piensa que es el lugar propicio para que yo muera, estoy listo a someterme a su voluntad en eso como en todas las otras cosas.[1080]

DAVID G. FARRAGUT

Vanidad

La vanidad es la necedad del egoísmo y el orgullo la insolencia de la vanidad.[1081]

Cecilia Böhl de Faber

En contra de la creencia popular, [la vanidad] es una característica mucho más masculina que femenina.[1082]

Carmen Posadas

La vanidad es fiel reflejo de la fragilidad humana.[1083]

Juan Francisco Puello Herrera

Verdad

No todas las verdades han de salir en público, ni a los ojos de todos.[1084]

La verdad bien puede enfermar pero no morir del todo.[1085]

Miguel de Cervantes Saavedra

El decir la verdad francamente es la prenda más digna de un hombre de bien.[1086]

LEANDRO FERNÁNDEZ DE MORATÍN

Las verdades que más nos importan vienen siempre a medio decir.[1087]

BALTASAR GRACIÁN Y MORALES

La verdad y el bien siguen un mismo camino. El que busca la verdad encuentra el bien.[1088]

EUGENIO MARÍA DE HOSTOS

Yo he buscado en torno, con mirada suplicante de náufrago los hombres a quienes importase la verdad, la pura verdad, lo que las cosas son por sí mismas, y apenas he hallado alguno.[1089]

Cada uno somos una perspectiva porque somos limitados y no podemos abarcar toda la verdad, y necesitamos escuchar a otros para aprender también de ellos la parte de verdad que a nosotros nos falta.[1090]

JOSÉ ORTEGA Y GASSET

Nacemos con la verdad, pero crecemos creyendo en mentiras. Una de las mentiras más grandes en la historia de la humanidad es la de nuestra imperfección.[1091]

MIGUEL RUIZ

El lenguaje de la verdad es sencillo.[1092]

Lucio Anneo Séneca

Victoria

....

Para ganar las cosas grandes y arduas se necesitan combinación sosegada, voluntad decidida, acción vigorosa, cabeza de hielo, corazón de fuego y mano de hierro.[1093]

Jaime Balmes

El arte de ganar se aprende en las victorias.[1094]

Simón Bolívar

Ganar es un sentimiento que borra todos los abucheos y los dolores de cabeza.[1095]

Ángel Cordero

Sólo triunfa quien pone la vela encarada con el aire que sopla, jamás quien espera que el aire sople hacia donde ha puesto encarada la vela.[1096]

Antonio Machado

Lo mismo da triunfar que hacer gloriosa la derrota.[1097]

RAMÓN M. DEL VALLE-INCLÁN

VIDA

························

No vivo mi vida para agradar a los demás, la vivo para agradarme a mí, porque de otra forma, ¿Qué vas a hacer si la gente no te acepta o le caes mal?[1098]

CHRISTINA AGUILERA

No puedes escoger cómo vas a morir. Ni cuándo. Sólo puedes decidir cómo vas a vivir. Ahora.[1099]

JOAN BAEZ

Yo soy un hombre que vive y, además, cuando le queda tiempo para ello, escribe por una necesidad imperiosa de su cerebro.[1100]

VICENTE BLASCO IBÁÑEZ

Todo lo que sea póstumo, no me alegra. Me alegra todo lo que pueda ser celebratorio en vida.[1101]

GUILLERMO CABRERA INFANTE

La vida es dulce o amarga; es corta o larga. ¿Qué importa?
El que la goza la halla corta, y el que la sufre la halla
larga.[1102]

RAMÓN DE CAMPOAMOR

Estoy satisfecho de haber vivido lo que he vivido, sólo
deploro lo que, parafraseando a Mallarmé, diría: "Les
trasparent glaciers des vols qui n'ont pas fait".
(Lo que pude hacer y no hice, acaso por cobardía).[1103]

ALEJO CARPENTIER

No le pida nunca nada a la vida. Espere... y algún día la
vida le dará una sorpresa maravillosa.[1104]

ALEJANDRO CASONA

Cuando somos realmente honestos con nosotros mismos
tenemos que admitir que nuestras vidas es lo único que
nos pertenece de verdad. Por lo tanto, cómo usamos
nuestras vidas es lo que determina qué tipo de personas
somos.[1105]

CÉSAR CHÁVEZ

Tú eres el autor de la telenovela de tu vida. ¿Quieres una
comedia o una tragedia?[1106]

SANDRA CISNEROS

La vida está compuesta de pequeños momentos. Momentos tan pequeños como pétalos de violeta. Pequeños momentos que yo podría guardar en un jarro eternamente.[1107]

NILO CRUZ

Esta es la vida: no le tienes que gustar a todos.[1108]

JOSÉ CURA

Una de las cosas más grandes de la vida es que nadie tiene la autoridad de decirte lo que tú quieres ser en la vida.[1109]

JAIME ESCALANTE

He estado muy ocupada viviendo mi vida y no he tenido tiempo de contar mi edad.[1110]

MARÍA FÉLIX

Mientras uno va viviendo, va cambiando. Son mutaciones del alma. Lo importante es tener valor para afrontar la vida y hacer esos cambios para bien.[1111]

LAURA FLORES

La vida es una cadena de pérdidas inevitables desde que nacemos.[1112]

ALEJANDRO GONZÁLEZ IÑÁRRITU

La vida es como una mujer muy querida que no se portase bien con nosotros: todos los días nos haríamos el propósito de abandonarla y nunca nos encontraríamos con fuerzas suficientes para ello.[1113]

ENRIQUE JARDIEL PONCELA

En la vida no necesitas arrasar, sólo vivir bien.[1114]

MIGUEL ÁNGEL JIMÉNEZ

Me encantaría vivir varias vidas juntas: una de padre modelo que llega a las seis de la tarde a su casa; otra que me permitiera vivir recorriendo el mundo, y otra de famoso cantante.[1115]

MARIO KREUTZBERGER, "DON FRANCISCO"

Saborear bien el presente es la única forma acertada de vivir. Todo lo tenemos de prestado y hay que disfrutarlo mientras es nuestro, porque no sabemos hasta cuando lo tendremos.[1116]

NATALIA MILLÁN

La vida es una continuación de momentos y si no vives estos momentos por completo, no estás vivo.[1117]

RICARDO MONTALBÁN

No tengo futuro. Tengo sólo el presente y tengo toda la intención de vivirlo intensamente, a todo lo que da.[1118]

SARA MONTIEL

Mi vida ha sido muy poco interesante: como los pueblos felices y las mujeres honradas, yo no tengo historia.[1119]

Amé, fui amado, el sol acarició mi faz. ¡Vida, nada me debes! ¡Vida, estamos en paz![1120]

AMADO NERVO

Soy amoroso, pero lo que amo es la vida.[1121]

OSCAR DE LA RENTA

Vivir en el aquí y ahora es lo único constante que uno tiene. Nadie te quita lo bailado.[1122]

OSVALDO RÍOS

Mi vida ha sido larga y... ancha.[1123]

ANDRÉS SEGOVIA

Tengo hambre de vida.[1124]

CAMILO SESTO

Anticipa la vida, porque hay tantas cosas buenas por venir, y eso es muy emocionante, ¿sabes? Tiene sus altos y sus bajos y es una carretera con baches, pero hay tantas cosas maravillosas en el camino que ni te imaginas.[1125]

JAMIE-LYNN SIGLER

Cada día nace una nueva idea. Viene un nuevo sueño, crece una ilusión.[1126]

SORAYA

Es posible morir de amor, pero es mejor vivir de amor.[1127]

ZOÉ VALDÉS

Yo todo me lo bebí y todo me lo comí. Por eso no tengo nada. No soy de las personas que se arrepienten y tampoco le echo la culpa a nadie. Confieso, como dice Neruda, que he vivido.[1128]

CHAVELA VARGAS

Mi lema es: ¡Vive y deja vivir! Y, si puedes: ¡Ayuda a los demás![1129]

RAMÓN VARGAS

Agradecimientos

······································

Le puedo atribuir el gérmen de la idea de este libro a un cómico australiano, Barry Humphries, conocido más bien como su personaje Dame Edna. En una columna de consejos en la revista estadounidense *Vanity Fair*, exhortaba a una persona que quería aprender español: "Olvídate del español. No hay nada que merezca la pena leer en ese idioma excepto Don Quijote y si oyes el CD de 'El hombre de la Mancha', es suficiente. Había un poeta llamado García Lorca, pero intelectualmente no era nada del otro mundo. ¿Dices que todo el mundo está hablando español? ¡Qué tontería! ¿Con qué persona que hable español estás desesperado por hablar? ¿Con los sirvientes? ¿Con el jardinero? Estudia francés o alemán que por lo menos tienen algunos libros que merecen la pena leer, o, si eres estadounidense, trata de aprender inglés".

Yo no fui la única persona ofendida por estas provocadoras frases. La revista se vio inundada por cartas de protesta.

Pero el incidente me hizo pensar en todos los autores

maravillosos como Octavio Paz, Jorge Luis Borges, Gabriel García Márquez, Julio Cortázar, Guillermo Cabrera Infante y otros quienes me han brindado tanto placer y sabiduría a lo largo de mi vida. Repasé mentalmente los innumerables hispanos que han contribuido no sólo a la literatura —donde se encuentran nueve ganadores del Premio Nobel— sino también a las artes, la música, la ciencia, la filosofía y hasta el ajedrez y quise vociferarle a los Barry Humphries de este mundo acerca de ellos.

En vez de gritar me puse a escribir, destilando la sabiduría, la agudeza y el humor de estos grandes hombres y mujeres en un tomo de sus citas.

Gracias, Dame Edna. Y hablando de agradecimientos, tengo deudas con muchas personas. Con Eric Martínez, quien cuando trabajaba en Vintage Español, aprobó el proyecto. Con Milena Alberti-Pérez, también de Vintage Español, quien cogió la pelota y siguió corriendo con ella hasta el final. Con Jackie Montalvo y Adriana Lopez, también del equipo editorial de Vintage Español. Con Phyllis Westberg, mi agente literaria, quien usó su extensa experiencia para guiarme en el complicado mundo editorial con comprensión y afecto. Con José Badué por su inigualable inteligencia y conocimientos que comparte tan generosamente. La deuda más grande la tengo con mi esposo Bernabé, sin cuyas direcciones y timón, esta barca no navegaría tan bien. Y no puedo olvidar a mis antepasados por la sangre hispana que corre por mis venas. A todos, mi gratitud eterna.

Nota: *La mayoría de las citas en este libro fueron dichas originalmente en español. En algunos casos donde la cita estaba en inglés, yo hice la traducción. También destaco que los editores han respetado las preferencias individuales por el uso de acentos en los nombres propios.*

Bibliografía

1   *ABC*, 30 de octubre de 2004.
2   Nava, Yolanda. *It's All in the Frijoles*. New York: Fireside, 2000.
3   *People en Español*, julio de 2003.
4   Padreserra.org.
5   *Latina Magazine*, octubre de 2002.
6   *People en Español*, junio de 2003.
7   *People en Español*, diciembre de 2004.
8   Tardiff, Joseph C., y Mabunda L. Mpho, eds. *Dictionary of Hispanic Biography*. New York: Gale Research, 1996.
9   Tardiff, Joseph C., y Mabunda L. Mpho, eds. *Dictionary of Hispanic Biography*. New York: Gale Research, 1996.
10 Blackwell, Earl, ed. *Celebrity Register*. Vol. 4. Times Publishing Group, 1986.
11 *Diario La Capital*, Rosario, Argentina, 11 de mayo de 2005.
12 *El Mundo*, 10 de octubre de 2004.
13 Pérez Galdós, Benito. *Lo prohibido*. Madrid: Perlado, Páez y Co., 1906.
14 Séneca, Lucio Anneo. *El libro de oro*.
15 Ruiz de Alarcón y Mendoza, Juan. *Los pechos privilegiados*.
16 Félix Lope de Vega Carpio, Fraile. *Las bizarrías de Belisa*.

17   *Galería Antiqvaria* (revista), noviembre de 2003.

18   Gracián y Morales, Baltasar. *Oráculo manual y el arte de la prudencia*, 1647.

19   Quevedo y Villegas, Francisco de. *Historia y vida de Marco Bruto: Obras de Don Francisco de Quevedo y Villegas*, 1699.

20   Samaniego, Félix María. *El cuervo y el zorro.*

21   Zeno Gandía, Manuel. *La charca.*

22   *Revista Historia*, 2005.

23   Cervantes Saavedra, Miguel de. *El ingenioso hidalgo Don Quijote de la Mancha.*

24   *Red Literaria Lateral*, julio/agosto 2000.

25   Biblioteca Virtual Miguel de Cervantes.

26   *Revista Muy Interesante*, año XXI, no.11.

27   Mahan, Alfred Thayer. *Admiral Farragut*, 1892.

28   *Allure*, mayo de 2003.

29   Discurso, 17 de octubre de 1951.

30   *La hora* (Guatemala), 21 de diciembre de 2001.

31   *Qué Leer*, 17 de mayo de 2003.

32   Stoler Toliman, Alberto. *Orientación Vital* y en *Renacer*, diciembre de 1997.

33   Rufo, Juan. *Las 600 apotegmas con otras obras en verso*, 1596.

34   Santayana, George. *The Life of Reason: Reason in Common Sense*, 1906.

35   Unamuno y Jugo, Miguel de. *Del sentimiento trágico de la vida.* Capítulo 1.

36   Vives, Juan Luis. *Tratado del alma.* Libro 2. Capítulo 12: "Del alma en general".

37   Salvador-Dali.net.

38   Cohen, Gary. "The Legend of Rubirosa." *Vanity Fair*, diciembre de 2002.

39   *El Mundo Magazine*, 8 de agosto de 2004.

40   Alarcón y Mendoza, Juan Ruiz de. *La prueba de las promesas.*

41   Biblioteca virtual Miguel de Cervantes.

42   Benavente, Jacinto. *El rival de su mujer.*

43   *Latina Magazine*, mayo de 2005.

44   *Thesaurus Spiritualis Societatis Iesu.* Santander, 1935.

45   De la película *Dos tipos*.

46   Ingenieros, José. *El hombre mediocre*. Madrid, 1913.

47   López de Ayala, Adelardo. *El tanto por ciento*, 1861.

48   Panath, Charles. *Words to Live By: The Origins of Conventional Wisdom and Commonsense Advice*. New York: Penguin, 1999.

49   *El Nuevo Herald*, 21 de enero de 2005.

50   Bécquer, Gustavo Adolfo. *Amor eterno*.

51   Benavente, Jacinto. *El hombrecito*.

52   *El Universal*, 20 de febrero de 2004.

53   Burgos, Julia de. *Ya no es mío mi amor*. Poema 1 de 21 estrofas.

54   Escribano, Marisa, y Magdalena G. Robert. *Sopitas que curan, palabras que alientan*. México: Selector, 1998.

55   *Semana*, 12 de marzo de 2003.

56   Biblioteca virtual Miguel de Cervantes.

57   *Shape en Español*, septiembre de 2004.

58   *La Opinión*, 14 de octubre de 2003.

59   Darío, Rubén. *Rimas XII*.

60   *Latina Magazine*. febrero de 2004.

61   *ABC*, 22 de mayo de 2004.

62   Thomas, Hugh, *Rivers of Gold*, citando a Vicente Rodríguez Valencia, *Isabel la Católica en la opinión de españoles y extranjeros*, 3 vols. Valladolid, 1970.

63   *El Nuevo Día*.

64   *El Mundo*, 11 de junio de 2003.

65   ElMundoLibro.com, 11 de junio de 2003.

66   ElMundoLibro.com, 11 de junio de 2003.

67   Laâbi, Samir M. *Citas y frases celebres*. Madrid: LIBSA, 2000.

68   Loyola, San Ignacio de. *Ejercicios espirituales*, No. 230.

69   Jardiel Poncela, Enrique. *Máximas mínimas*. EDHASA, 2002.

70   Jardiel Poncela, Enrique. *Máximas mínimas*. EDHASA, 2002.

71   Jardiel Poncela, Enrique. *Máximas mínimas*. EDHASA, 2002.

72   *Revista Vanidades*, 30 de septiembre de 2003.

73   *Diario de Cádiz*, 8 de junio de 2003.

74   *México Hoy*, 17 de febrero de 2001.

75   Película *La Generala*, 1970. EDHA, 2002.

76   *El Mundo Magazine*, 2 de mayo de 2004.

Bibliografía

77   Neruda, Pablo. "Poema 20" de *Veinte poemas de amor y una canción desesperada.*

78   Nervo, Amado. *Llénalo de amor* (poema).

79   *Muy interesante.* Año XXIII, no. 2.

80   Portal cibernético editorial de UNAB.

81   *Caras* (revista), febrero de 2004.

82   Laâbi, Samir M. *Citas y frases celebres.* Madrid: LIBSA, 2000.

83   *Hola* (revista), 20 de noviembre de 2003.

84   *Qué Leer,* noviembre de 2002.

85   *El Mundo,* 9 de noviembre de 2003.

86   Laâbi, Samir M. *Citas y frases celebres.* Madrid: LIBSA, 2000.

87   *Qué Leer,* abril de 2003.

88   *The New York Times,* 5 de diciembre de 2002.

89   *The New York Times,* 5 de diciembre de 2002.

90   *El Mundo Magazine,* 6 de febrero de 2005.

91   *El Mundo Magazine,* 6 de febrero de 2005.

92   *People en Español,* abril de 2005.

93   *Babelia, El País* (España), 5 de abril de 2003.

94   Blackwell, Earl, ed. *Celebrity Register.* Vol. 4. Times Publishing Group, 1986.

95   *Vima,* julio de 2004/Thanasis Lalas.

96   *People en Español,* noviembre de 2002.

97   *People en Español,* noviembre de 2002.

98   *People en Español,* noviembre de 2002.

99   Martínez, Tomás Eloy. *El vuelo de la reina.* Alfaguara, 2002.

100 *Hola* (revista), 27 de agosto de 2003.

101 *Observer,* 21 de febrero de 1960.

102 Entrevista con Mariló Hidalgo. José Luis Sampedro —Página oficial— Clubcultura.com.

103 *El Universal,* 11 de enero de 2004.

104 *ABC,* 13 de junio de 2003.

105 *Hoy,* 19 de diciembre de 2003.

106 Caleb, Bach. *Américas Magazine.*

107 Fundación Gala Salvador Dalí.

108 *Qué Leer,* junio de 2003.

109   Hadden, Peggy. *The Quotable Artist*. New York: Allworth Press, 2003.

110   HOY.com.ec, 1999.

111   HOY.com.ec, 1999.

112   HOY.com.ec, 1999.

113   HOY.com.ec, 1999.

114   Herrera, Hayden. *Frida Kahlo: The Paintings*. New York: Perennial, 2002.

115   Herrera, Hayden. *Frida Kahlo: The Paintings*. New York: Perennial, 2002.

116   *ArtPremium*, 2004.

117   *Babelia, El País*, 28 de febrero de 2004.

118   Goldwater, Robert, and Marco Treves, eds. *Artists on Art from the XIV to the XX Century*. New York: Pantheon, 1972.

119   *Artees*, 2 (5), octubre-diciembre 2002.

120   Finlay, Victoria. *Color*. New York: Ballantine, 2003.

121   Goldwater, Robert, and Marco Treves, eds. *Artists on Art from the XIV to the XX Century*. New York: Pantheon, 1972.

122   Lake, Carlton. *The Atlantic*, julio de 1957.

123   Hadden, Peggy. *The Quotable Artist*. New York: Allworth Press, 2003.

124   *Hoy*, 6 de julio de 2003.

125   *The New York Times*, 12 de diciembre de 2003.

126   *Arte al Día Internacional*, No. 96.

127   Goldwater, Robert, and Marco Treves, eds. *Artists on Art from the XIV to the XX Century*. New York: Pantheon, 1972.

128   Herrera, Hayden. *Frida Kahlo: The Paintings*. New York: Perennial, 2002.

129   PBS.org.

130   *Galería Antiqvaria*, septiembre de 2003.

131   Mahan, Alfred Thayer. *Admiral Farragut*, 1892.

132   Gracián y Morales, Baltasar. *El arte de la prudencia.*

133   Romero Bravo, Alfredo, y Modesto Ñeco Quiñones. *Notas biográficas, citas y pensamientos de puertorriqueños distinguidos*. Puerto Rico: Jaquemate, 1992.

134   Séneca, Lucio Anneo. *De Quatuor virtutibus.*

135   Tamayo y Baus, Manuel. *Más vale maña que fuerza.*

136   *Nova,* septiembre de 2004.

137   *Diario Las Américas,* 10 de junio de 2003.

138   *Independent,* 15 de octubre de 1999/Fiona Sturges.

139   *Seventeen* (revista), julio de 2003.

140   MariaFelix.com.

141   Programa televisivo, *¿Dónde estás corazón?,* 4 de febrero de 2005.

142   *Latina Magazine,* septiembre de 2003.

143   *People en Español,* abril de 2004.

144   *Revista Vanidades,* 14 de octubre de 2003.

145   Blackwell, Earl, ed. *Celebrity Register.* Vol. 4. Times Publishing Group, 1986.

146   Don Francisco. *Entre la espada y la TV.* Downtown Book Center, 2002.

147   *People en Español,* abril de 2004.

148   *Latina Magazine,* septiembre de 2004.

149   Facio, Sara, y Laicia D'Amico. *Retratos y autorretratos.* Buenos Aires: La Azotea, 1973.

150   *Style Magazine,* enero de 2004.

151   Facio, Sara, y Alicia D'Amico. *Retratos y autorretratos.* Buenos Aires: La Azotea, 1973.

152   *Latina Magazine,* septiembre de 2003.

153   Facio, Sara, y Alicia D'Amico. *Retratos y autorretratos.* Buenos Aires: La Azotea, 1973.

154   *El Mundo,* 7 de julio de 2002.

155   *El Mundo Magazine,* 11 de enero de 2003.

156   ChristyTurlington.com.

157   Tardiff, Joseph C., and Mabunda L. Mpho, eds. *Dictionary of Hispanic Biography.* New York: Gale Research, 1996.

158   *El Mundo Magazine,* 3 de octubre de 2004.

159   Pérez Galdós, Benito. *El amigo manso,* 1880.

160   Álvarez de Toledo, Gabriel. *La Burrumaquia.* Poema épico burlesco publicado en 1844.

161   *El Catoblepas* (revista), junio de 2004.

162 Sahagún, Fray Bernardino de. *General History of the Things of New Spain.*

163 Samaniego, Félix María. *La gallina de los huevos de oro.*

164 Entrevista en *Vogue Dialogues*. Munich: Prestel, 2004.

165 *People en Español*, marzo de 2004.

166 *People en Español*, marzo de 2004.

167 *People en Español*, abril de 2004.

168 *Qué Leer*, abril de 2003.

169 *Qué Leer*, abril de 2003.

170 *Revista Vanidades*, 17 de febrero de 2003.

171 Romero Bravo, Alfredo y Modesto Ñeco Quiñones. *Notas biográficas, citas y pensamientos de puertorriqueños distinguidos.* Puerto Rico: Editorial Jaquemate, 1992.

172 *Babelia, El País*, 15 de febrero de 2003.

173 *Revista Vanidades*, 30 de septiembre de 2003.

174 *Diario de Xalapa*, 28 de mayo de 2005.

175 Mistral, Gabriela. *Vergüenza.*

176 Montero, Rosa. *La hija del caníbal*. España, 1997.

177 *Qué Leer*, noviembre de 2003.

178 *Qué Leer*, noviembre de 2003.

179 New York Public Library Biographical Resource Center.

180 *El Cultural*, 4 de abril de 2004.

181 *People en Español*, febrero de 2005.

182 *People en Español*, febrero de 2005.

183 *People en Español*, marzo de 2005.

184 Maimónides, Moses. *The Eight Levels of Charity.*

185 *El Mundo Magazine*, 21 de septiembre de 2003.

186 Cervantes Saavedra, Miguel de. *Persiles y Sigismunda.*

187 Félix Lope de Vega Carpio, Fraile. *La ley ejecutada.*

188 García Gutiérrez, Antonio. *Soneto: amor sin celos.*

189 Tardiff, Joseph C., y Mabunda L. Mpho, eds. *Dictionary of Hispanic Biography*. New York: Gale Research, 1996.

190 Tardiff, Joseph C., y Mabunda L. Mpho, eds. *Dictionary of Hispanic Biography*. New York: Gale Research, 1996.

191 Tardiff, Joseph C., y Mabunda L. Mpho, eds. *Dictionary of Hispanic Biography*. New York: Gale Research, 1996.

Bibliografía

192   *El Cultural*, 9 de febrero de 2004.

193   Portal cibernético de Alejandro Amenábar.

194   Portal cibernético de Carbo films.

195   *El Mundo Magazine*, 29 de mayo de 2005.

196   *La Razón*, 30 de octubre de 1999.

197   Telgen, Diana, y Jim Kamp. *Notable Hispanic American Women*. Book 2. New York: Gale Research, 1998.

198   Portal cibernético de Club Cultura.

199   *El Nuevo Herald*, 3 de marzo de 2005.

200   *Newsmakers 1990*, Issue 2. New York: Gale Research, 1990.

201   *Newsmakers 1998*. Edición 1. Gale Group, 1998.

202   *Barcelona-Metropolosis Mediterránea Magazine*. No. 45. Entrevista con Núria Escur.

203   *Chicago Sun-Times*, 3 de octubre de 1999.

204   *Esquire*, abril de 2005.

205   McCoy, Donald R. y Richard D. McKinzie. Entrevista con José Figueres Ferrer. Archivo de la Biblioteca Truman.

206   Gracián y Morales, Baltasar. *Oráculo manual y el arte de la prudencia*, 1647.

207   Séneca, Lucio Anneo. *Epistolae ad Lucilium*.

208   *Libertad Digital*, 6 de diciembre de 2004.

209   García Lorca, Federico. *Obras Completas*. Madrid: Aguilar, 1954.

210   Tardiff, Joseph C., y Mabunda L. Mpho, eds. *Dictionary of Hispanic Biography*. New York: Gale Research, 1996.

211   *La República*, Honduras, 12 de agosto de 1886.

212   *El Semanal*, 26 de septiembre de 2004.

213   *Literaria Lateral* (revista), julio/agosto de 2000.

214   Santayana, George. *The Life of Reason, Reason in Common Sense*. Scribner's, 1905.

215   Vasconcelos, José. *Bolivarismo y monroísmo*, 1934.

216   Entrevista en Cubavisión por Amaury Pérez Vidal.

217   *ByN Dominical*, 4 de agosto de 2002

218   *El Semanal ABC*, 12 a 18 de septiembre de 2004.

219   Blackwell, Earl, ed. *Celebrity Register*. Vol. 4. Times Publishing Group, 1986.

220   *Food & Wine*, diciembre de 2002.

221   *El Mundo Magazine*, 4 de abril de 2004.

222   Flamenco-world.com. Entrevista con Silvia Calado, 2003.

223   www.elmundo.es.

224   *ByN Dominical*, 4 de agosto de 2002.

225   Ballet in *Dance Magazine*.

226   Cita provista por Baldomero Ballesteros.

227   Parkinson, Michael. *Sporting Lives*. Pavillion Books, 1992.

228   Portal cibernético de autores de Argentina.

229   Portal cibernético del almanaque de béisbol.

230   Gilbert, Thomas W. *Roberto Clemente*. Chelsea House Publishers, 1991.

231   Blackwell, Earl, ed. *Celebrity Register*. Vol. 4. Times Publishing Group, 1986.

232   *Latin Business*, invierno de 2004.

233   Fast Scripts. ASAP Sports.com.

234   González, Rosie. *Fire in Our Soul*. Plume, 1996.

235   *Contemporary Hispanic Biography*. Vol. 1. Gale Group, 2002.

236   *El Mundo Magazine*, 21 de septiembre de 2003.

237   *El Mundo Magazine*, 17 de octubre de 2004.

238   Portal cibernético de Lorena Ochoa.

239   Portal cibernético de Lorena Ochoa.

240   Portal cibernético de *Golf digest*.

241   Portal cibernético de *Golf digest*.

242   *Muy Interesante*, año XXI, no 11.

243   Capablanca, José Raúl. *My Chess Career*. MacMillan, 1920.

244   Mahan, Alfred Thayer. *Admiral Farragut*. 1892. Carta desde Mobile, Alabama, 1864.

245   Gracián y Morales, Baltasar. *El arte de la prudencia*.

246   *El Mundo*, 17 de agosto de 2004.

247   *El Mundo*, 1 de septiembre de 2002.

248   Nava, Yolanda. *It's All in the Frijoles*. New York: Fireside, 2000.

249   Cervantes Saavedra, Miguel de. *El casamiento engañoso*.

250   Tardiff, Joseph C., y Mabunda L. Mpho, eds. *Dictionary of Hispanic Biography*. New York: Gale Research, 1996.

251   Originalmente del documental autobiográfico, *My Last Breath*.

252   *Hola* (revista), 8 de julio de 2004.

253   Ruiz, Miguel. *La voz del conocimiento*. Amber-Allen Publishing, 2004.

254   Séneca, Lucio Anneo. *Epistolae*.

255   Alemán, Mateo. *Guzmán de Alfarache: Atalaya de la vida humana*, 1599.

256   *Excelsior*, 20 de abril de 2005.

257   *People en Español*, febrero de 2005.

258   *People en Español*, septiembre de 2005.

259   *Hispanic Magazine*, agosto de 2003.

260   Telgen, Diana y Jim Kamp. *Notable Hispanic American Women*. New York: Gale Research, 1993.

261   *El Mundo*, 3 de agosto de 1997.

262   Grothe, Mardy. *Oxymoronica: Paradoxical Wit and Wisdom from History's Greatest Wordsmiths*. New York: HarperCollins, 2004.

263   *Qué Leer*, noviembre de 2003.

264   Santayana, George. *Little Essays*. 1920.

265   Grothe, Mardy. *Oxymoronica: Paradoxical Wit and Wisdom from History's Greatest Wordsmiths*. New York: HarperCollins, 2004.

266   Alemán, Mateo. *Guzmán de Alfarache: Atalaya de la vida humana*, 1599.

267   Guevara, Fray Antonio de. *Epístolas familiares*.

268   Portal cibernético de Univisión.

269   Benavente, Jacinto. *Rosas de Otoño*. Acto I.

270   *Newsmakers 1990*, Issue 2. Gale Research, 1990.

271   Méndez-Méndez, Serafín, y Gail A. Cueto. *Notable Caribbeans and Caribbean Americans: A Biographical Dictionary*. Westport: Greenwood Press, 2003.

272   Cervantes Saavedra, Miguel de. *El celoso extremeño*.

273   Cervantes Saavedra, Miguel de. *El ingenioso hidalgo Don Quijote de La Mancha*.

274   *El Mundo*, 15 de noviembre de 2002.

275   *People en Español*, septiembre de 2003.

276   *ABC*, 30 de octubre de 2004.

277   *People en Español*, noviembre de 2003.

278   *People en Español*, diciembre de 2002.

279   *El Nuevo Día*. Suplemento especial.

280   ElMundoLibro.com, 11 de junio de 2003.

281   Quinn, Tracy. *Quotable Women of the Twentieth Century*. New York: Morrow, 1999.

282   Baseball Almanac.com from Orlando Hernández in *The Duke of Havana*.

283   Pérez Galdós, Benito. *El Abuelo*. Jornada primera.

284   Gelb, Arthur, Rosenthal, A. M., y Marvin Siegel. *Great Lines of the Twentieth Century*. New York: New York Times, 1988.

285   *Time Magazine*, 10 de abril de 1995.

286   Nava, Yolanda. *It's All in the Frijoles*. New York: Fireside, 2000.

287   Tardiff, Joseph C., y Mabunda L. Mpho. *Dictionary of Hispanic Biography*. New York: Gale Research, 1996.

288   *Hoy*, 29 de marzo de 2003.

289   Séneca, Lucio A. *De tranquillitate animi*.

290   Séneca, Lucio A. *De tranquillitate animi*.

291   Portal cibernético de Univisión.

292   Telgen, Diana, y Jim Kamp. *Notable Hispanic American Women*. Book 2. New York: Gale Research, 1998.

293   *Contemporary Hispanic Biography*. Vol. 1. Gale Group, 2002.

294   *El Mundo*, 25 de abril de 2001.

295   *Caras* (revista), México, febrero de 2003.

296   *Latina Magazine*, agosto de 2003.

297   *El Mundo*, 3 de agosto de 2003.

298   *El Mundo*, 3 de agosto de 2003.

299   González, Rosie. *Fire in Our Soul*. Plume, 1996.

300   Montoya, Víctor. "Discriminación racial". Artículo en *El latinoamericano*.

301   Dalí, Salvador. *Dalí by Dalí*. New York: Abrams, 1970.

302   *Rolling Stone*, 30 de noviembre de 1989.

303   Comentarios en la reunión de la Asociación de fiscales de distritos nacionales en Portland, ME, 18 de julio de 2005.

304   Amiguet, Luis. *Fumar para contarlo*. Planeta, 2004.

305   *El Mundo Magazine*, 27 de febrero de 2005.

306   *La Jornada*, 12 de mayo de 1997.

307   *People en Español*, junio de 2005.

Bibliografía

308   Gelb, Arthur, Rosenthal, A. M., y Marvin Siegel. *Great Lines of the Twentieth Century.* New York: New York Times, 1988.

309   *Harper's Bazaar,* abril de 2003.

310   Canción de otoño en primavera.

311   *EFE,* 16 de marzo de 2003.

312   *The New York Times,* 14 de diciembre de 2003.

313   *El Nuevo Día.*

314   *El Cultural,* 16 de mayo de 2004.

315   *Hoy,* 28 de septiembre de 2003.

316   Montero, Rosa. *La hija del caníbal.* Espasa, 1997.

317   Montiel, Sara. *Sara y el sexo.* Plaza y Janés, 2003.

318   *People en Español.* febrero de 2005.

319   *Segunda Juventud* (revista), otoño de 2002.

320   Séneca, Lucio A. *El libro de oro.*

321   *TV y Novelas* (revista), 22 de mayo de 2004.

322   Nava, Yolanda. *It's All in the Frijoles.* New York: Fireside, 2000.

323   Schenkler, Michael. Not 4 publication archives.

324   Biblioteca virtual Miguel de Cervantes.

325   Biblioteca virtual Miguel de Cervantes.

326   Discurso dado el 19 de mayo de 1989 en Washington a la Education Press Association.

327   BoliviaWeb.

328   *El Nuevo Día.*

329   *El Nuevo Día.*

330   Ingenieros, José. *El hombre mediocre.* Madrid, 1913.

331   *El Nuevo Día.*

332   *Contemporary Heroes and Heroines.* Book IV. Gale Group, 2000.

333   *Corpus Christi Caller Times,* 22 de marzo de 2003.

334   ElMundoLibro.com, 11 de junio de 2003.

335   Larra Mariano, José de. *Artículos de costumbres.*

336   O'Neil, Ana María. *Etica Comercial: Una filosofía para la libre empresa.* Río Piedras, PR: Universidad de Puerto Rico, 1986.

337   *El Mundo Magazine,* 11 de mayo de 2003.

338   Panath, Charles. *Words To Live By*. From *The Art of Worldly Wisdom*.

339   Castañeda, Carlos. *Tales of Power*. New York: Washington Square Press, 1991.

340   *Revista Vanidades*, 14 de octubre de 2003.

341   *Diccionario de la música española e hispanoamericana*. Sociedad General de Autores y Editores, 1999.

342   ESPN.com.

343   *ABC*, 11 de agosto de 2002.

344   Escrivá, Josemaría. *Camino*.

345   *Vista Magazine*, abril de 2003.

346   Nava, Yolanda. *It's All in the Frijoles*. New York: Fireside, 2000.

347   Ruiz, Miguel. *La voz del conocimiento*. Amber Allen Publishing, 2004.

348   *Latina Magazine*, octubre de 2002.

349   Unamuno y Jugo, Miguel de. *Credo poético*, 1907.

350   El Mundo.es, 29 octubre de 2001.

351   Gracián y Morales, Baltasar. *Oráculo manual y el arte de la prudencia*, 1647.

352   Gracián y Morales, Baltasar. *El Criticón*.

353   Discurso, 17 de octubre de 1951.

354   Ramos Avalos, Jorge. *A la caza del león*. Barcelona: Grijalbo, 2003.

355   Samaniego, Félix María. *El leopardo y las monas*.

356   *El Mundo Magazine*, 24 de octubre de 2004.

357   Biblioteca Virtual Miguel de Cervantes.

358   Cervantes Saavedra, Miguel de. *El ingenioso hidalgo Don Quijote de la Mancha*.

359   García Gutiérrez, Antonio. *Venganza catalana*.

360   Sarramía, Tomás. *Diccionario de frases de puertorriqueños ilustres*. San Juan, PR: Instituto de Cultura Puertorriqueña, 2001.

361   Portal cibernético de la Universidad de Chile.

362   Savater, Fernando. "Los siete pecados capitales." *El Clarín*. Suplemento de cultura, 13 de agosto de 2005.

363   Portal cibernético del Colegio Unamuno.

364 Cardozo, Benjamín. *The Growth of the Law*. New Haven: Yale University Press, 1924.

365 ElMundoLibro.com, 11 de junio de 2003.

366 Luis de Granada, Fray. *Guía de pecadores*, 1556.

367 Pérez, Antonio. *Aforismos o sentencias sacadas de las cartas españolas y latinas del sabio político*. Madrid: Oficina de Hernández Pacheco, 1787.

368 Séneca, Lucio Anneo. *Epistolae ad Lucilium*.

369 Cinader, Martha. Entrevista en junio de 1995.

370 *Cristina La Revista*, marzo, año 14.

371 *Revista Estampas; El Universal*, 1 de junio de 2003.

372 *Hoy*, 16 de abril de 2004.

373 *El Mundo Magazine*, 29 de mayo de 2005.

374 *People en Español*, noviembre de 2005.

375 *Hispanic Magazine*, mayo de 2004.

376 The Tavis Smiley Show. National Public Radio. 12 de mayo de 2004.

377 *Thesaurus Spiritualis Societatis Iesu*. Santander, 1935.

378 *Qué Leer*, 5 de marzo de 2005.

379 Tardiff, Joseph C., y Mabunda L. Mpho, eds. *Dictionary of Hispanic Biography*. New York: Gale Research, 1996.

380 Portal cibernético de Univisión.

381 *Hoy*, 22 de agosto de 2003.

382 Biblioteca virtual Miguel de Cervantes.

383 *La Tercera*, 28 de diciembre de 2000.

384 *Hoy*, 4 de julio de 2003.

385 Facio, Sara, y Laicia D'Amico. *Retratos y autorretratos*. Buenos Aires: La Azotea, 1973.

386 *People en Español*, febrero de 2005.

387 *People en Español*, febrero de 2003.

388 *Diario de Xalapa*, 28 de mayo de 2005.

389 Matamoros, Coto. *Usted también puede ser famoso*. Robin Books, 2002.

390 Sobre libros. Chile. Nov. 2003. Buenos Aires: La Azotea, 1973.

391 Agencia internacional de noticias literarias librusa. De libros y autores, 28 de abril de 2003.

392 La Revista, El Mundo.com, número 117.

393   Portal cibernético de Eurobanco.

394   *El Nuevo Herald,* 26 de febrero de 2005.

395   Entrevista por RNE programa "Siluetas", 9 de enero de 2005.

396   *Hispanic Magazine,* noviembre de 2003.

397   Gilbert, Thomas W. *Roberto Clemente.* Chelsea House, 1991.

398   Pérez Andujar, Javier. *Salvador Dalí.* Alcalá, 2003.

399   *Hoy,* 4 de octubre de 2002.

400   *Hoy,* 28 de septiembre de 2003.

401   *People en Español,* mayo de 2003.

402   *Revista Estampas; El Universal,* 1 de junio de 2003.

403   *People en Español,* junio de 2003.

404   *ABC Blanco y Negro Cultural,* 25 de septiembre de 2004.

405   *Revista Vanidades,* 13 de abril de 2004.

406   Blackwell, Earl, ed. *Celebrity Register.* Vol. 4. Times Publishing Group, 1986.

407   Klein, Alen. *The Celebrate Your Life Quote Book.* Gramercy Books, 2005.

408   Colón, Suzan. *Latina,* enero-febrero 2002.

409   Thomas, Marlo. *The Right Words at the Right Time.* Atria Books, 2002.

410   *Vista Magazine,* noviembre de 2003.

411   *El Mundo Magazine,* 27 de febrero de 2005.

412   Baroja, Pío. *La ciudad de la niebla,* 1911.

413   *Vanity Fair,* enero de 2004.

414   Biblioteca virtual Miguel de Cervantes.

415   *Muy Interesante.* Año XXI, no.11.

416   *Hispanic Magazine,* mayo de 2005.

417   *Latina Magazine,* julio de 2003.

418   Entrevista en literaturacubana.com.

419   Portal cibernético de Mi Punto.com.

420   *Historic World Leaders.* New York: Gale Research, 1994.

421   *People en Español,* marzo de 2004.

422   *Qué Leer,* noviembre de 2003.

423   *El Mundo,* 29 de julio de 2001.

424   *El Mundo Magazine,* 4 de septiembre de 2005.

425   *Qué Leer,* noviembre de 2003.

Bibliografía

426 Nin, Anaïs. *The Diary of Anaïs Nin*. Vol. II, febrero de 1939.

427 Rojas Zorrilla, Francisco de. *Casarse por vengarse*. Comedia teatral.

428 *People en Español*, abril del 2004.

429 *People en Español*, abril del 2004.

430 *People en Español*, abril del 2004.

431 López de Vega, Antonio. *Paradoxas*.

432 Nava, Yolanda. *It's All in the Frijoles*. New York: Fireside, 2000.

433 Flamenco-world.com. Entrevista con Silvia Calado, diciembre de 2002.

434 García, Charles Patrick. *Un mensaje de García*. Hay House, 2003.

435 *The New York Times Sunday Magazine*, 2 de enero de 2004.

436 *El Mundo*, 7 de septiembre de 2003.

437 Rojas, Fernando de. *La Celestina*.

438 *People en Español*, febrero de 2005.

439 *Hola* (revista), 13 de noviembre de 2003.

440 *People en Español*, octubre de 2005.

441 Rojas, Fernando de. *Calisto y Melibea*, 1499.

442 Séneca, Lucio Anneo. *Epístolas*.

443 Agencia internacional de noticias literarias librusa. De libros y autores, 7 de enero 2003.

444 *Diario La Verdad*, 11 de junio de 2002.

445 Ortega y Gasset, José. *España invertebrada*, 1922.

446 Selgas y Carrasco, José. *La guerra*. Hojas sueltas. Viajes alrededor de varios asuntos. Agustín Jubera, 1880.

447 Séneca, Lucio Anneo. *Thyestes*.

448 Atribuido a Alfonso X.

449 Discurso al aceptar el Premio Nobel, 11 de diciembre de 1987.

450 Fundación Arias.

451 Castro, Fidel. *La historia me absolverá*.

452 Cervantes Saavedra, Miguel de. *El ingenioso hidalgo Don Quijote de la Mancha*.

453 Fundación Francisco Franco.

454 *UNO*, noviembre de 2003. Revista digital de la Universidad de Oviedo.

455   Portal cibernético de la Universidad Texas A & M.

456   Menéndez y Pelayo, Marcelino. *De los orígenes del criticismo y el escepticismo: Obras completas,* 1918.

457   Radio Broadcast, 16 de octubre de 1936.

458   Ortega y Gasset, José. *La elección en amor.*

459   *Diario Las Américas,* 7 de enero de 2005.

460   Baroja, Pío. *El gran torbellino del mundo.* Madrid: Espasa-Calpe, 1978.

461   *Revista Vanidades,* 24 de mayo de 2005.

462   Calderón de la Barca, Pedro. *La vida es sueño.*

463   Gelb, Arthur, Rosenthal, A. M., y Marvin Siegel. *Great Lines of the Twentieth Century.* New York: The New York Times, 1988.

464   *El Mundo,* 3 de agosto de 1977.

465   *El Mundo,* 3 de agosto de 1977.

466   Portal cibernético País de locos.com.

467   *Latina Magazine,* diciembre de 2004.

468   Sevilla, San Isidoro de. *Libri Sententiarum.*

469   Jardiel Poncela, Enrique. *Máximas mínimas.* EDHASA, 2002.

470   Neruda, Pablo. *Residencia en la tierra,* citado en elmundolibro.com, 1 de octubre del 2004.

471   Ortega y Gasset, José. *Creer y pensar.* De *Ideas y creencias,* 1940.

472   Evita Perón Historical Research Foundation.

473   Mendoza, Arturo. Entrevista en *El Norte.*

474   Séneca, Lucio Anneo. *Epistolae ad Lucilium.*

475   Séneca, Lucio Anneo. Prefacio de *Naturales quaestiones.*

476   Cervantes Saavedra, Miguel de. *El ingenioso hidalgo Don Quijote de La Mancha.*

477   *Hispanic Magazine,* marzo de 2003.

478   Discurso pronunciado el 23 de agosto 1932 en la ciudad de Mayagüez, Puerto Rico

479   Calderón de la Barca, Pedro. *El alcalde de Zalamea.*

480   Castañeda, Luis. *Máximas inmortales de la excelencia.* México: Poder, 1995.

481   Panath, Charles. *Words to Live By: The Origns of Conventional Wisdom and Commonsense Advice.* New York: Penguin, 1991.

482 Telgen, Diane, y Jim Kamp, eds. *Latinas! Women of Achievement*. Visible Ink Press, 1996.

483 *Internacional Herald Tribune*, 2 de diciembre de 1992.

484 *ABC Blanco y Negro Cultural*, 24 de mayo de 2003.

485 *Revista 6 Toros 6*, semanario de la actualidad taurina, no. 534, 21 de septiembre del 2004.

486 Entrevista en literaturacubana.com.

487 García, Eduardo. *La vida de Pedro Infante*. México: Clío, 1994.

488 ESPN Deportes.com.

489 Nava, Yolanda. *It's All in the Frijoles*. New York: Fireside, 2000.

490 Nava, Yolanda. *It's All in the Frijoles*. New York: Fireside, 2000.

491 *ABC*, 25 de agosto de 2003.

492 Romero Bravo, Alfredo, y Modesto Ñeco Quiñones. *Notas biográficas, citas y pensamientos de puertorriqueños distinguidos*. Puerto Rico: Jaquemate, 1992.

493 Don Francisco. *Entre la espada y la TV*. Downtown Book Center, 2002.

494 *El Mundo Magazine*, 8 de diciembre de 2002.

495 *Contemporary Hispanic Biography*. Vol. 3. Gale Research.

496 Tardiff, Joseph C., y Mabunda L. Mpho, eds. *Dictionary of Hispanic Biography*. New York: Gale Research, 1996.

497 Plimpton, George, ed. *Latin American Writers at Work: The Paris Review*. New York: Modern Library, 2003.

498 *Newsmakers 1990*. Issue 2. Gale Research, 1990

499 Panath, Charles. *Words to Live By: The Origins of Conventional Wisdom*. New York: Penguin, 1999.

500 Blackwell, Earl, ed. *Celebrity Register*. Vol. 4. Times Publishing Group, 1986.

501 *Latina Magazine*, mayo de 2003.

502 Flamenco-world.com. Entrevista con Silvia Calado, 2003.

503 *El Universal*, 23 de febrero 2002.

504 Méndez-Méndez, Serafín, and Gail A. Cueto. *Notable Caribbeans and Caribbean Americans: A Biographical Dictionary*. Greenwood Press, 2003.

505 *AARP Revista Segunda Juventud*, agosto/septiembre 2005.

506   Reyes, Luis, y Peter Rubie. *Los Hispanos en Hollywood.* New York: Random House Español, 2002.

507   *Parade* Magazine.

508   *Latina Magazine*, mayo de 2005.

509   *Latina Magazine*, octubre de 2003.

510   Blackwell, Earl, ed. *Celebrity Register.* Vol. 4. Times Publishing Group, 1986.

511   AsiSomos.com, 13 de mayo de 2002.

512   En su inauguración como senador estadounidense. *The Miami Herald*, 5 de enero del 2005.

513   Third World Network.

514   Montero, Rosa. *La hija del caníbal.* Madrid: Espasa, 1997.

515   *People en Español*, octubre de 2003.

516   Blackwell, Earl, ed. *Celebrity Register.* Vol. 4. Times Publishing Group, 1986.

517   The Spitfire Tour at Woodstock.

518   *Noticias Voz e Imagen de Oaxaca*, 17 de enero de 2005.

519   *Artnews*, verano de 1992.

520   *Revista de libros* de El Mercurio de Santiago de Chile.

521   Pattison, Mark. "Left of Center in the West Wing." *Horizon Magazine.*

522   AOL Latino.

523   Unamuno y Jugo, Miguel de. *Del sentimiento trágico de la vida.* Capítulo 1: "El Hombre de Carne y Hueso".

524   *People Weekly* (revista), 27 de noviembre de 1995, 44 (22): 158.

525   *El Mundo*, 3 de agosto de 1977.

526   Gracián y Morales, Baltasar. *El criticón.*

527   *El Universal* de Caracas, 24 de septiembre de 1996.

528   Feijóo, Benito de Jerónimo. *Teatro crítico universal o discursos varios en todo género de materias para desengaño de errores comunes*, publicado entre 1726 y 1740.

529   Sor Juana Inés de la Cruz. *Respuesta de la poetisa a la muy ilustre Sor Filotea de la Cruz*, 1691.

530   Carta a un joven argentino que estudia filosofía. El Espectador IV, 1925. *Obras completas.* Madrid: Taurus, 2004.

531 Séneca, Lucio Anneo. *Oedipus.*

532 VivaMexico.com

533 *Obras Completas de Concepión Arenal.* Madrid: Librería de Victoriano Suaréz, 1898.

534 Portal cibernético de PBS. Conquistadores.

535 Cervantes Saavedra, Miguel de. *El ingesnioso hidalgo Don Quijote de la Mancha; Crónica El Mundo,* 2 de enero de 2005.

536 Telgen, Diane, y Jim Kamp, eds. *Latinas! Women of Achievement.* Visible Ink Press, 1996.

537 Hanke, Lewis. *The Spanish Struggle for Justice in the Conquest of America,* 1949.

538 *ABC,* 22 de septiembre de 2004

539 Portal cibernético de PBS. Conquistadores.

540 *Latina Magazine,* noviembre de 2003.

541 *Latina Magazine,* diciembre de 2004.

542 *Latina Magazine,* diciembre de 2004.

543 *Caras* (revista), febrero de 2004.

544 *Astrología Morelos,* 28 de abril de 2003.

545 *U.S. News and World Report,* 10 de junio de 2002.

546 *People en Español,* marzo de 2004.

547 Tardiff, Joseph C., y Mabunda L. Mpho, eds. *Dictionary of Hispanic Biography.* New York: Gale Research, 1996.

548 Schiebler, Ralf. *Dalí: Genius, Obsession and Lust.* Prestel, 1999.

549 Zambrano, María. *Dictados y Sentencias.* EDHASA, 1999.

550 *El Cultural,* 9 de febrero de 2004.

551 Charlton, James. *The Military Quotation Book.* S. M. Press, 2002.

552 Hostos, Eugenio María de. *Obras completas.* Vol. 19. Hombres e Ideas.

553 *Cristina La Revista,* marzo, año 14.

554 Agencia internacional de noticias literarias librusa.

555 Discurso en Washington, D.C., el 21 de junio de 2005.

556 Sarramía, Tomás. *Diccionario de frases de puertorriqueños ilustres.* San Juan: Instituto de Cultura Puertorriqueña, 2001.

557 Ripoll, Carlos. *Martí Thoughts/Pensamientos.* Unión de cubanos en el exilio.

558 *Qué Pasa,* 9 de diciembre de 2000.

559   *Muy Interesante*, año XXL, no. 11.

560   Discurso, 3 de febrero de 2005. Proporcionado por el portal ciber-
      nético de la casa de la Presidencia de la república de Colombia.

561   Rodríguez, Eugenia. Mujer.com.

562   Avellaneda, Nicolás de. *El libro y su lectura.*

563   *Babelia, El País*, 21 de junio de 2003.

564   Plimpton, George, ed. *Latin American Writers at Work: The
      Paris Review.* New York: Modern Library, 2003.

565   *Babelia, El País*, 5 de abril de 2003.

566   Portal cibernético de Literaturacubana.com.

567   *Américas*, agosto de 2003.

568   *El Cultural*, 18 de enero de 2004.

569   *El Cultural*, 9 de noviembre de 2003.

570   Portal cibernético de Rosa Montero.com.

571   Agencia internacional de noticias literarias librusa. De libros y
      autores. 16 enero 2003.

572   *Babelia, El País*, 24 de agosto de 2002.

573   Discurso al aceptar el Premio Nobel, 8 de diciembre de 1989.

574   Cervantes Saavedra, Miguel de. *Persiles y Sigismunda.*

575   *Latina Magazine*, mayo de 2005.

576   *Hispanic Magazine*, marzo de 2004.

577   ABC, 17 de noviembre de 2004.

578   *El País Semanal*, 12 de diciembre de 2004.

579   Discurso al aceptar el Premio Nobel, 8 de diciembre de 1990.

580   Discurso al aceptar el Premio Nobel, 8 de diciembre de 1990.

581   Adams, Jerome R. *Latin American Heroes: Liberators and
      Patriots from 1500 to the Present.* New York: Ballantine, 1991.

582   *Babelia, El País*, 5 de abril de 2003.

583   Cardozo, Benjamín. *The Nature of the Judicial Process.*

584   Carta a Ramona Castro e Isolino Maneiro.

585   Discurso al aceptar el Premio Nobel de la Paz, 10 de diciem-
      bre de 1987.

586   *Hoy*, 24 de julio de 2002.

587   Portal cibernético de los archivos de American Civil Liberties Union.

588   Cervantes Saavedra, Miguel de. *El ingenioso hidalgo Don
      Quijote de la Mancha.*

Bibliografía

589   *Granma*, 13 de marzo de 2003.

590   Porter, David L. *Latin and African American Athletes Today*. Westport: Greenwood Press, 2004.

591   Ripoll, Carlos. *Martí Thoughts/Pensamientos*. Unión de Cubanos en el Exilio.

592   Discurso al aceptar el Premio Nobel, 11 de diciembre de 1980.

593   Roíz, Carmen Teresa. *Vista Magazine*, julio de 2002.

594   Adams, Jerome R. *Latin American Heroes: Liberators and Patriots from 1500 to the Present*. New York: Ballantine, 1991.

595   Telgen, Diane, y Kamp, Jim, eds. *Latinas! Women of Achievement*. Visible Ink Press, 1996.

596   *Latina Magazine*, julio de 2003.

597   Arenas, Reinaldo. Video *Reinaldo Arenas: His Own Words*.

598   Discurso al aceptar el Premio Nobel, 12 de diciembre de 1967.

599   Discurso al aceptar el Premio Nobel, 12 de diciembre de 1967.

600   Discurso al aceptar el Premio Nobel, 12 de diciembre de 1967.

601   Portal cibernético de Biografías y vidas.

602   Enciclopedia Microsoft® Encarta® 2002. © 1993–2001.

603   Plimpton, George, ed. *Latin American Writers at Work: The Paris Review*. New York: Modern Library, 2003.

604   Plimpton, George, ed. *Latin American Writers at Work: The Paris Review*. New York: Modern Library, 2003.

605   Cervantes Saavedra, Miguel de. *El ingenioso hidalgo Don Quijote de la Mancha*.

606   *Babelia, El País*, 21 de junio de 2003.

607   *Latina Magazine*, octubre de 2002.

608   Enciclopedia Microsoft® Encarta® 2002.

609   *The New York Times*, 6 de abril de 2003.

610   Facio, Sara, y Alicia D'Amico. *Retratos y autorretratos*. Buenos Aires: La Azotea, 1973.

611   *El País*, 11 de agosto de 2002.

612   *Qué Leer*, junio de 2003.

613   *ABC*, 23 de abril de 2003.

614   *El País*, 13 de julio de 2002.

615   Aguilar, Josefina. Mujeractual.com.

616   *Babelia, El País*, 28 de febrero de 2004.

617   Terra. Cultura y Ciencia. Libros.

618   Discurso al aceptar el Premio Nobel, 13 de diciembre de 1971.

619   *Qué Leer,* junio de 2004.

620   Biblioteca cibernética de la Universidad de Girona.

621   Babelia. *El País,* 24 de agosto de 2002.

622   *Qué Leer,* 9 de noviembre de 2003.

623   ABC B*lanco y Negro Cultural,* 21 de junio de 2003.

624   Agencia internacional de noticias literarias librusa. De libros y autores, 28 de abril de 2003.

625   *El País,* 25 de febrero de 2004.

626   Portal cibernético de Club Cultura. Diálogo con Joseph Sommers.

627   *Babelia, El País,* 5 de abril de 2003

628   Portal cibernético del Colegio Unamuno.es.

629   Agencia internacional de noticias literarias librusa, 31 de julio 2003.

630   Vargas Llosa, Mario. *Cartas a un joven novelista.* Ariel/Planeta.

631   *Latina Magazine,* mayo de 2003.

632   *El Semanal, ABC,* 11 al 17 de mayo 2003

633   Revista Hola.com, marzo de 2003.

634   Romero Bravo, Alfredo y Modesto Ñeco Quiñones. *Notas biográficas, citas y pensamientos de puertorriqueños distinguidos.* Puerto Rico: Jaquemate, 1992.

635   *Revista Hola,* 13 de noviembre de 2003.

636   Telgen, Diana, y Jim Kamp. *Notable Hispanic American Women.* New York: Gale Research, 1993.

637   Adams, Jerome R. *Latin American Heroes: Liberators and Patriots from 1500 to the Present.* New York: Ballantine, 1991.

638   *People en Español,* junio de 2003.

639   *Historia y Vida,* 35 (428).

640   *Revista Hola,* 1 de mayo de 2003.

641   Garza, Hedda. *Pablo Casals.* Chelsea House, 1993.

642   *Hispanic Magazine,* septiembre de 2003.

643   Tardiff, Joseph C., y Mabunda. L. Mpho. *Dictionary of Hispanic Biography.* New York: Gale Research, 1996.

644   *El Mundo Magazine,* 12 de enero de 2004.

645   *La Revista del Diario,* 30 de mayo de 2003.

646   Andrews, Robert. *The Columbia Dictionary of Quotations*. New York, 1993.

647   *Telegraph*, 24 de enero de 2005.

648   Blackwell, Earl, ed. *Celebrity Register*. Vol. 4. Times Publishing Group, 1986.

649   Blackwell, Earl, ed. *Celebrity Register*. Vol. 4. Times Publishing Group, 1986.

650   *Vanity Fair*, septiembre de 1995.

651   *El Mundo Magazine*.

652   Jardiel Poncela, Enrique. *Máximas mínimas*. EDHASA, 2002.

653   Discurso al aceptar aceptación del Premio Nobel, 1956.

654   Vilallonga, José Luis de. *El rey*. Plaza y Janés, 1995.

655   Herrera, Hayden. *Frida Kahlo: The Paintings*. Perennial, 2002.

656   Herrera, Hayden. *Frida Kahlo: The Paintings*. Perennial, 2002.

657   Larra, Mariano José de. *La nochebuena de 1836*.

658   *Hola*, 10 de febrero de 2005.

659   *People en Español*, mayo de 2003.

660   Evita Perón Historical Research Foundation.

661   Herrera, Hayden. *Frida Kahlo: The Paintings*. Perennial, 2002.

662   "The Legend of Rubirosa." *Vanity Fair*, diciembre de 2002.

663   Adams, Jerome R. *Latin American Heroes: Liberators and Patriots from 1500 to the Present*. New York: Ballantine, 1991.

664   Tardiff, Joseph C., y Mabunda, L. Mpho, eds. *Dictionary of Hispanic Biography*. New York: Gale Research, 1996.

665   *Revista Hola*, 10 de febrero de 2005.

666   AOL Latino. Entrevista con Daniela Torres, octubre de 2004.

667   *Latina Style*, septiembre–octubre de 2004.

668   *El Mundo Magazine*, Entrevista, 1996.

669   *Revista Zero*, marzo de 2005.

670   Documental televisivo autobiográfico, *My Last Breath*.

671   *Revista Hispanocubana*, número 2, 1998.

672   Eire, Carlos. *Waiting for Snow in Havana*.

673   Núñez de Arce, Gaspar. *La selva oscura*, 1879.

674   Fuente, Manuel de la. Entrevista en *Blanco y negro*, 20 de septiembre de 1998.

675   Unamuno y Jugo, Miguel de. *Del sentimiento trágico de la vida.* Capítulo 1.

676   Fernández Tresguerres, Alonso. *Revista El Catoblepas.*

677   *Revista El Catoblepas.*

678   Panath, Charles. *Words to Live By: The Origins of Conventional Wisdom.* New York: Penguin, 1999.

679   Gracián y Morales, Baltasar. *Oráculo manual.*

680   *Historic World Leaders.* Gale Research, 1994.

681   Univision.com.

682   Castillo, Ana. *Massacre of the Dreamers.* New Mexico: University of New México Press, 1994.

683   *Hispanic Magazine,* junio del 2002.

684   Castañeda, Luis. *Máximas inmortales de la excelencia.* México: Poder, 1995.

685   Página cibernética de Chi-Chi Rodríguez.

686   Blackwell, Earl, ed. *Celebrity Register.* Vol. 4. Times Publishing Group, 1986.

687   Santayana, George. *Life of Reason, Reason in Common Sense.* Scribner's, 1905.

688   *Hoy,* 6 de julio 2003.

689   *Latina Magazine,* septiembre de 2004.

690   *In Style,* agosto del 2003.

691   Blackwell, Earl, ed. *Celebrity Register.* Vol. 4. Times Publishing Group, 1986.

692   *Revista Hola,* 8 de julio de 2004.

693   Templeton, Sara. Web Wombat.

694   Business Windsor.

695   *Ladies' Home Journal.*

696   *ABC,* 5 de diciembre de 2004.

697   Reforma.com, 23 de mayo de 2003.

698   Reforma.com, 23 de mayo de 2003.

699   Santayana, George. *The Life of Reason.*

700   Catalina, Severo. *La mujer,* 1866–1867.

701   Rigalt, Carmen. *Diario de una adicta a casi todo.* Madrid: La esfera de los libros, 2002.

702   Castañeda, Luis. *Máximas inmortales de la excelencia*. México: Poder, 1995.

703   *Hoy*, 15 de marzo de 2004.

704   Biblioteca virtual Miguel de Cervantes.

705   Jardiel Poncela, Enrique. *Máximas mínimas*. EDHASA, 2002.

706   Ocampo, Victoria. *Scruples and Ambitions*.

707   Tamayo y Baus, Manuel. Discurso leído ante la Real Academia Española en su recepción pública, el 12 de junio de 1859.

708   *People en Español*, diciembre de 2004.

709   *Latina Magazine*, noviembre de 2003.

710   Portal cibernético de autores de Argentina.

711   *Babelia, El País*, 21 de junio de 2003.

712   TEVE España, Grandes documentales, 1992.

713   *Revista Somos*, mayo de 2002.

714   *EFE*, 24 de julio de 2004.

715   *The New York Times*, 9 de octubre de 2002.

716   *The New York Times*, 9 de octubre de 2002.

717   *El Mundo Magazine*, no. 57.

718   Hernández, José. *El gaucho Martín Fierro*.

719   Partnow, Elaine. *The Quotable Woman: An Encyclopedia of Useful Quotations*. 2d ed. New York: Anchor Press, 1978.

720   Jardiel Poncela, Enrique. *Máximas mínimas*. EDHASA, 2002.

721   Jiménez, Juan Ramón. *La muerte bella*.

722   Portal cibernético de Club de las letras.

723   *El Mundo Magazine*, 15 de abril de 2005.

724   *El Mundo Magazine*, 5 de junio de 2005.

725   Paz, Octavio. *El labertino de la soledad y otras obras*. Penguin, 1997.

726   *Qué Leer*, noviembre de 2003.

727   Unamuno y Jugo, Miguel de. *El sentimiento trágico de la vida*, 1931.

728   Smith, Verita. *Encyclopedia of Latin American Literature*. Dearborn Publishers, 1997.

729   *Babelia, El País*, 5 de abril de 2003.

730   *Hispanic Magazine*, octubre de 1990.

731   Liswood, Laura A. *Women World Leaders*. HarperCollins.

732   *El Nuevo Herald*, 23 de abril de 2004.

733   Ordoñez, Marco. *Beberse la vida: Ava Gardener en España.* Anchor Books; Aguilar, 2004.

734   Andrews, Robert. *The Columbia Dictionary of Quotations.* New York, 1993.

735   *El Mundo,* 25 de noviembre de 2004.

736   *El Mundo,* 3 de agosto de 2003.

737   *El Mundo,* 3 de agosto de 2003.

738   Portal cibernético de Film Monthly.

739   *El Mundo Magazine.*

740   Jardiel Poncela, Enrique. *Máximas mínimas.* EDHASA, 2002.

741   *Notable Hispanic American Women.* Book 2. Gale Research.

742   *The Diary of Anaïs Nin,* Vol. 1 [1966], junio de 1933.

743   Reporte de la Fundación Ford, otoño de 2003.

744   Entrevista de Félix Linares. El CorreoDigital.com, 13 de junio de 2002.

745   *Revista Caras,* febrero de 2004.

746   Telgen, Diane, y Jim Kamp, eds. *Latinas! Women of Achievement.* Visible Ink Press, 1996.

747   *Vista Magazine,* enero-febrero de 2003.

748   *Revista Caras* (México), febrero de 2003.

749   *Hoy,* 2 de agosto de 2002.

750   Telgen, Diane, y Jim Kamp, eds. *Latinas! Women of Achievement.* Visible Ink Press, 1996.

751   *Latina Magazine,* julio de 2003.

752   Filomúsica.com entrevista con Daniel Mateos.

753   Tardiff, Joseph C., y Mabunda, L. Mpho, eds. *Dictionary of Hispanic Biography.* New York: Gale Research, 1996.

754   Portal cibernético de WCNET.net.

755   *Hoy,* 6 de enero de 2003.

756   Blackwell, Earl, ed. *Celebrity Register.* Vol. 4. Times Publishing Group, 1986.

757   *Hispanic Magazine,* octubre de 2002.

758   *Semana,* 12 de marzo de 2003.

759   Telgen, Diane, y Jim Kamp, eds. *Latinas! Women of Achievement.* Visible Ink Press, 1996; *Boston Globe,* 4 de octubre de 1991.

Bibliografía

760   Blackwell, Earl, ed. *Celebrity Register.* Vol. 4. Times Publishing Group, 1986.

761   Littlehales, Lilian. *Pablo Casals.* Greenwood Publishing Group, 1970.

762   Tannenbaum, Perry. *Creative Loafing,* marzo de 2000.

763   *ABC,* 2 de febrero de 2000.

764   *El Mundo Magazine,* 22 de agosto de 2004.

765   Blackwell, Earl, ed. *Celebrity Register.* Vol. 4. Times Publishing Group, 1986.

766   Meier, Barbara. *The Tricycle.* Primavera, 1992.

767   Hernández, José. *El gaucho Martín Fierro.*

768   Video detrás de la cámara, "Un día normal".

769   *Terra Ocio.*

770   Gale Group Biographies. Thompson Gale On-Line NYPL.

771   *Babelia, El Paris,* 28 de febrero de 2004.

772   Blackwell, Earl, ed. *Celebrity Register.* Vol. 4. Times Publishing Group, 1986.

773   Blackwell, Earl, ed. *Celebrity Register.* Vol. 4. Times Publishing Group, 1986.

774   *Babelia, El País,* 5 de abril de 2003.

775   Blackwell, Earl, ed. *Celebrity Register.* Vol. 4. Times Publishing Group, 1986.

776   Blackwell, Earl, ed. *Celebrity Register.* Vol. 4. Times Publishing Group, 1986.

777   Romero Bravo, Alfredo, y Modesto Ñeco Quiñones. *Notas biográficas, citas y pensamientos de puertorriqueños distinguidos.* Puerto Rico: Jaquemate, 1992.

778   The Americas Dream Collection, 2002.

779   Tardiff, Joseph C., y Mabunda L. Mpho, eds. *Dictionary of Hispanic Biography.* New York: Gale Research, 1996.

780   *People en Español,* julio de 2003.

781   *Hispanic Magazine,* noviembre de 2002.

782   *Latina Magazine,* agosto de 2003.

783   *People en Español,* diciembre de 2003.

784   González-Pando, Miguel. *Greater Miami: The Spirit of Cuban Enterprise.* Copperfield Publications, 1996.

785   *Hoy,* 6 de junio de 2003.

786   Telgen, Diana, y Jim Kamp. *Notable Hispanic American Women.* Gale Research, 1993.

787   *Qué Leer,* 29 de enero de 2004.

788   Tardiff, Joseph C., y Mabunda L. Mpho, eds. *Dictionary of Hispanic Biography.* New York: Gale Research, 1996.

789   Castañeda, Luis. *Máximas inmortales de la excelencia.* México: Poder, 1995.

790   Unamuno y Jugo, Miguel de. *Del sentimiento trágico de la vida.* Capítulo 1: "El hombre de carne y hueso".

791   Nava, Yolanda. *It's All in the Frijoles.* New York: Fireside, 2000.

792   Escrivá de Balaguer, San Josemaría. *Camino.*

793   Jardiel Poncela, Enrique. *Máximas mínimas.* EDHASA, 2002.

794   Sampedro, Ramón. *Cartas desde el infierno.* Planeta, 1996.

795   Santayana, George. *Life of Reason, Reason in Common Sense.* Scribner's, 1905.

796   *People en Español,* marzo de 2003.

797   *El Mundo Magazine,* 21 de septiembre de 2003.

798   Romero Bravo, Alfredo, y Modesto Ñeco Quiñones. *Notas biográficas, citas y pensamientos de puertorriqueños distinguidos.* Puerto Rico: Editorial Jaquemate, 1992.

799   Garza, Hedda. *Pablo Casals.* Chelsea House Publishers, 1993.

800   ElMundoLibro.com, 11 de junio de 2003.

801   ElMundoLibro.com, 11 de junio de 2003.

802   *El Mundo,* 21 de octubre de 2004.

803   *Revista Hola,* 4 de diciembre de 2004.

804   Tamayo y Baus, Manuel. Discurso leído ante la Real Academia Española en su recepción pública, el 12 de junio de 1859.

805   Unamuno y Jugo, Miguel de. *Vida de don Quijote y Sancho.*

806   *People en Español,* marzo de 2004.

807   *People en Español,* marzo de 2004.

808   *Ventana Abierta,* número 13, otoño de 2002.

809   *El Cultural,* 31 de marzo de 2003.

810   Belli, Gioconda. *El país bajo mi piel: memorias de amor y de guerra.* Plaza y Janés, 2001.

811   *El Nuevo Día,* 30 de enero de 1999.

Bibliografía

812 *Muy Interesante*, año XXIII, no. 2.

813 *Food & Wine*, diciembre de 2002.

814 *La Revista del Diario*, 26 de septiembre de 2003.

815 *El Nuevo Día.*

816 *La Revista del Diario*, 26 de septiembre de 2003.

817 Bartlett, John, y Kaplan, Justin. *Bartlett's Familiar Quotations.* Little, Brown and Company, 1992.

818 *El Mundo Magazine*, 8 de diciembre de 2002.

819 Rodríguez de Tió, Lola. *A Cuba.*

820 Enciclopedia Microsoft ® Encarta ®.

821 Sarramía, Tomás. *Diccionario de frases de puertorriqueños ilustres.* San Juan, P.R.: Instituto de Cultura Puertorriqueña, 2001.

822 *Historia y vida*, 35 (428).

823 Romero Bravo, Alfredo, y Modesto Ñeco Quiñones. *Notas biográficas, citas y pensamientos de puertorriqueños distinguidos.* Puerto Rico: Editorial Jaquemate, 1992.

824 Proclama al pueblo colombiano, 10 de diciembre 1830.

825 Programa televisivo, *¿Donde estás corazón?*, Antena 3, España, 20 de mayo del 2005.

826 "Stopping Traffic: One Woman's Cause," *The Progressive*, September 1974.

827 *Latina Magazine*, junio de 2002.

828 Wood, Laura. *Foolish Words: The Most Stupid Words Ever Spoken.* London: PRC Publishing, 2003.

829 Palacio, Manuel del. *Chispas*, 1894.

830 Biblioteca virtual Miguel de Cervantes.

831 *Qué Leer*, noviembre de 2003.

832 *El Cultural*, 5 de mayo de 2003.

833 *Hispanic Magazine*, agosto de 2003.

834 Castañeda, Luis. *Máximas inmortales de la excelencia.* México: Poder, 1995.

835 *Muy Interesante*, año XXI, no.11.

836 Amat, Oriol, y Ramón Puig. *Frases y anécdotas del mundo empresarial.* Barcelona: Gestión, 2000.

837 *Opera Now*, septiembre–octubre de 2002.

838   Castañeda, Luis. *Máximas inmortales de la excelencia.* México: Poder, 1995.

839   Mi Punto.com.

840   *People en Español,* mayo de 2003.

841   Gale Biography Resource Center.

842   Nava, Yolanda. *It's All in the Frijoles.* New York: Fireside, 2000.

843   *El Cultural,* 17 de mayo de 2003.

844   *Hoy,* 22 de agosto de 2003.

845   Katz, Naomi, y Milton, Nancy. *Times Gone By: Fragment from a Lost Diary and Other Stories,* 1973.

846   Larra, Mariano José de. *La nochebuena de 1836.*

847   *Hispanic Magazine,* septiembre de 2003.

848   *Qué Leer,* noviembre de 2003.

849   *Current Leaders of Nations.* Gale Research, 1998.

850   Krauze, Enrique. *México: Biography of Power, 1810–1996.* Harper, 1997.

851   *ABC,* 1 de abril de 2003. Seco Serrana, Carlos.

852   Commire, Ann. *Historic World Leaders.* Gale Research, 1994.

853   Arguedas, José María. *El zorro de arriba y el zorro de abajo,* 1971.

854   Fundación Violeta Chamorro.

855   Commire, Ann. *Historic World Leaders.* New York: Gale Research, 1994.

856   Discurso de Angostura.

857   *Historia y vida,* 35 (428).

858   *ABC,* 1 de abril de 2003.

859   *ABC,* 25 de septiembre de 2004.

860   *Contemporary Hispanic Biography.* Vol. 4. Gale Group, 2003.

861   Vytas, Valaitis. *Casals.* New York: Paragraphic Books, 1966.

862   Discurso pronunciado en 1961.

863   Cerf, Christopher and Victor Navasky. *The Experts Speak.* New York: Villard, 1998.

864   Blackwell, Earl, ed. *Celebrity Register.* Vol. 4. Times Publishing Group, 1986.

865   *El Universal,* 1 de marzo de 2004.

866 Ordóñez, Marco. *Beberse la vida: Ava Gardner en España.* Aguilar, 2004.

867 *Current Leaders of Nations.* Gale Research, 1998.

868 Valera, Félix. *Cartas a Elpidio.*

869 *Homenaje a Lola Flores,* mayo de 2005. Antena 3, televisión española.

870 *ABC,* 22 de septiembre de 2004.

871 Díaz Villanueva, Fernando. *Ernesto Che Guevara.* Dastin Export, 2004.

872 Entrevista con Ute Evers en Literaturas.com.

873 *El Mundo Magazine,* 20 abril de 2003.

874 *El Diario/La Prensa,* 21 de octubre de 2003 (del diario de Frida Kahlo).

875 *Los discursos del poder.* Belaqva, 2003.

876 Entrevista en el portal cibernético de literaturacubana.com.

877 Perón, Eva. *Historia del Peronismo.* Buenos Aires: Presidencia de la Nación, subsecretaría de informaciones, 1953, www.elhistoriador.com.ar.

878 Adams, Jerome R. *Latin American Heroes: Liberators and Patriots from 1500 to the Present.* New York: Ballantine, 1991.

879 Lake, Carlton. *The Atlantic,* julio de 1957.

880 *La Tercera,* 3 de diciembre de 1971.

881 *San Antonio Express News,* 19 de marzo de 2003.

882 Portal cibernético HechoenPuertoRico.org.

883 *El Mundo,* 1 de noviembre de 1995.

884 Adams, Jerome R. *Latin American Heroes: Liberators and Patriots from 1500 to the Present.* New York: Ballantine Books, 1991.

885 Otero, José Pacífico. *La ideología de San Martín.*

886 *Babelia, El País,* 5 de abril de 2003.

887 Discurso en el III Consejo de Ministros públicos, 18 de julio de 2005.

888 *Hispanic Magazine,* octubre de 2002.

889 Romero Bravo, Alfredo y Modesto Ñeco Quiñones. *Notas biográficas, citas y pensamientos de puertorriqueños distinguidos.* Puerto Rico: Jaquemate, 1992.

890 Adams, Jerome R. *Latin American Heroes: Liberators and*

Patriots from 1500 to the Present. New York: Ballantine Books, 1991.

891 Ripoll, Carlos, Marta. *Thoughts/Pensamientos.* Unión de Cubanos en el Exilio.

892 *El Mundo Magazine,* 29 de febrero de 2004.

893 *El Mundo Magazine,* 12 de enero de 2004.

894 VivaMexico.com

895 *CLÍO,* 28 de febrero de 2004.

896 *La Revista del Diario,* 3 de octubre de 2003.

897 *El País,* 30 de octubre de 2004; *El Semanal ABC,* 12 a 18 de septiembre de 2004.

898 *Vista Magazine,* enero–febrero de 2003.

899 Telgen, Diane and Jim Kamp, eds. *Latinas! Women of Achievement.* Visible Ink Press, 1996.

900 Biblioteca virtual Miguel de Cervantes.

901 Palacio Valdés, Armando. *Tiempos felices: como se casó Izaguirre.*

902 Entrevista de Félix Linares. El CorreoDigital.com, 13 de junio de 2002.

903 *More Magazine,* octubre de 2002.

904 Ramos Avalos, Jorge. Portal cibernético de Univisión, 1 de agosto de 2005.

905 Blackwell, Earl, ed. *Celebrity Register.* Vol. 4. Times Publishing Group, 1986.

906 Blackwell, Earl, ed. *Celebrity Register.* Vol. 4. Times Publishing Group, 1986.

907 Portal cibernético de Univisión.com.

908 *El Mundo Magazine,* 1 de junio de 2003.

909 Martorell, Pepa. Mujer.com.

910 *Qué leer,* junio de 2003.

911 *Hispanic Magazine,* junio de 2002.

912 Entrevista con Pablo Gámez.

913 *U.S. News and World Report,* 19 de abril de 1993.

914 *La Revista del Diario de las Américas,* 23 de mayo de 2003.

915 Tardiff, Joseph C., y Mobunda, L. Mpho, eds. *Dictionary of Hispanic Biography.* New York: Gale Research, 1996.

916   Capricho 43, de la serie *Capricho*.

917   Lema del escudo chileno. Obtenido de la aprobación del Acta de Independencia Chilena firmada por O'Higgins que dice "La fuerza ha sido la razón suprema que por más de trescientos años ha mantenido al Nuevo Mundo en la necesidad de venerar como un dogma la usurpación de sus derechos y de buscar en ella misma el origen de sus más grandes deberes".

918   Unamuno y Jugo, Miguel de. *Del sentimiento trágico de la vida*.

919   Unamuno y Jugo, Miguel de. *Del sentimiento trágico de la vida*.

920   Ortega y Gasset, José. *La deshumanización del arte*. 1925. Instituto de Cultura Puertorriqueña, 2001.

921   Ortega y Gasset, José. *Personas, obras cosas: Adán en el paraíso*.

922   Gibson, Leslie Ann. *The Women's Book of Positive Quotations*. Fairview Press, 2002.

923   *The Guardian*, 7 de mayo de 2004.

924   *People en español*, diciembre de 2004.

925   *El Mundo Crónica*, 19 de marzo de 2005.

926   *Le Monde*, 16 de diciembre de 1959.

927   *El Mundo*, 9 de marzo de 2003.

928   *El Mundo Magazine*, 22 de agosto de 2004.

929   Escrivá, San Josemaría. *Forja*, 1987.

930   *Muy Interesante*, año XXII, no. 2.

931   *El Mundo Magazine*, 24 de abril de 2005.

932   Colón, Suzan. *Latina*, junio de 2002.

933   Blackwell, Earl, ed. *Celebrity Register*. Vol. 4. Times Publishing Group, 1986.

934   *El Mundo Magazine*, 5 de junio de 2005.

935   Portal cibernético del Arzobispado de Lima.org.

936   Portal cibernético del Arzobispado de Lima.org.

937   *El Mundo Magazine*, 2 de mayo de 2004.

938   *Qué Leer*, noviembre de 2003.

939   Santayana, George. *Dialogues in Limbo*. Scribner's, 1926.

940   *ABC*, 13 de noviembre de 2004.

941   *La nación*, 13 de junio de 2003.

942   *El Mundo Magazine*, 5 de junio de 2005.

943   Nervo, Amado. *Sí una espina me hiere*.

944   Nava, Yolanda. *It's All in the Frijoles*. New York: Fireside, 2000.

945   *El Mundo*, 3 de agosto de 2003.

946   Andrews, Robert. *Dictionary of Contemporary Quotations*. London: Cassell, 1996.

947   Panath, Charles. *Words to Live By: The Origins of Conventional Wisdom*. Penguin, 1999. From the *The Art of Worldly Wisdom*.

948   *Revista Allure*, mayo de 2003.

949   Nava, Yolanda. *It's All in the Frijoles*. New York: Fireside, 2000.

950   *El Mundo Magazine*, 11 de mayo de 2003.

951   *Hispanic Magazine*, abril de 2003.

952   Portal cibernético Portalmix.com.

953   *El Nuevo Día*, 15 de mayo de 2004.

954   *El Mundo Magazine*, 13 de marzo de 2005.

955   Adams, Jerome R. *Latin American Heroes: Liberators and Patriots from 1500 to the Present*. New York: Ballantine, 1991.

956   *Hispanic Business Magazine*, abril de 2005.

957   *Segunda Juventud*, otoño de 2002.

958   *ABC*, septiembre de 2002.

959   *ABC*, 1 de junio de 2005.

960   ElMundoLibro.com, 11 de junio de 2003.

961   Biblioteca virtual Miguel de Cervantes.

962   *The Diary of Anaïs Nin*, Vol. 3 [1969], otoño de 1943.

963   *Muy Interesante*, año XXI, no 11.

964   *ABC*, 25 de noviembre de 2004.

965   Santayana, George. *Skepticism and Animal Faith*. Scribner's, 1923.

966   *Crónica El Mundo*, 27 de marzo de 2005.

967   *Hoy*, 20 de enero de 2004.

968   *El Mundo Magazine*, 15 de junio de 2003.

969   *El Mercurio*, 12 de agosto de 2004.

970   *People en Español*, marzo de 2004.

971   *Gente*.

972   *Toronto Sun*, abril de 1998.

973 People en Español, marzo de 2005.

974 Jardiel Poncela, Enrique. *Máximas mínimas*. EDHASA, 2002.

975 *People en Español*, marzo de 2005.

976 *Cristina La Revista*, marzo, año 14.

977 *Qué leer*, noviembre de 2003.

978 Gelb, Arthur, Rosenthal, A. M., y Marvin Siegel. *Great Lines of the Twentieth Century*. New York: New York Times, 1988.

979 Adams, Jerome. *Latin American Heroes: Liberators and Patriots from 1500 to the Present*. Ballatine Books, 1991.

980 Shanke, Robert A. *That Furious Lesbian*. Southern Illinois University, 2003.

981 *Latina Magazine*, septiembre de 2004.

982 *People en Español*, marzo de 2004.

983 *El Mundo, Crónica*, 10 de octubre de 2004.

984 Entrevista de Nicolás Grijalva. *Campus diario*, 11 de marzo de 2003.

985 *Revista Zero*, marzo de 2005.

986 *El Mundo Magazine*, 1995.

987 Nava, Yolanda. *It's All in the Frijoles*. New York: Fireside, 2000.

988 Castillo, Ana. *Massacre of the Dreamers*. New Mexico: University of New Mexico Press, 1994.

989 Pérez Andujar, Javier. *Salvador Dalí*. Alcalá, 2003.

990 Pérez Andujar, Javier. *Salvador Dalí*. Alcalá, 2003.

991 *El Mundo*, 11 de enero de 2004.

992 *El Mundo Magazine*, 22 de agosto de 2004.

993 *El Mundo Magazine*, 22 de agosto de 2004.

994 *People en Español*, marzo de 2004.

995 *People en Español*, marzo de 2004.

996 *People en Español*, marzo de 2004.

997 *Revista Vanidades*, 14 de octubre de 2003.

998 Jardiel Poncela, Enrique. *Máximas mínimas*. EDHASA, 2002.

999 *Qué Leer*, junio de 2004.

1000 *People en Español*, julio de 2004.

1001 Montiel, Sara. *Sara y el Sexo*. Plaza y Janés, 2003.

1002 Corey, Melinda, y George Ochoa. *The Dictionary of Film Quotations*. New York: Crown Trade Paperbacks, 1995.

1003 *Tiempo*, 29 de marzo de 2004.

1004   *Qué leer,* noviembre de 2003.

1005   Amiguet, Luís. *Fumar para contarlo.* Planeta, 2004.

1006   *Qué Leer,* abril de 2003.

1007   *Latina Magazine,* diciembre de 2003.

1008   ThinkExist.com

1009   *La Tercera,* Santiago de Chile, 17 de mayo de 2003.

1010   *Latina Magazine,* julio de 2003.

1011   Baroja, Pío. *El aprendiz de conspirador.*

1012   Progressive Resources Catalogue.

1013   Goicochea, Cesáreo. *Diccionario de citas.* Décima Edición. CIE INVERSIONES.

1014   *The New York Times,* 5 de diciembre de 2002.

1015   *The New York Times,* 5 de diciembre de 2002.

1016   *The New York Times,* 5 de diciembre de 2002.

1017   Castro, Rosalía de. *En las orillas del Zar.*

1018   Catalina, Severo. *La mujer.* Austral, 1954.

1019   Discurso al aceptar el Premio Nobel, 8 de diciembre de 1989.

1020   *El Nuevo Día.*

1021   ElMundoLibro.com, 11 de junio de 2003.

1022   ElMundoLibro.com, 11 de junio de 2003.

1023   *People en Español,* noviembre de 2002.

1024   Biblioteca virtual Miguel de Cervantes.

1025   *Revista Hola,* 23 de octubre de 2003.

1026   *People en Español,* abril de 2005.

1027   Zambrano, María. "Por qué se escribe." Artículo publicado en 1934 en la *Revista del Occidente.*

1028   Calderón de la Barca, Pedro. *La vida es sueño.* Edición de Ciriaco Morón Arroyo. Madrid: Cátedra, 1989.

1029   Biblioteca virtual Miguel de Cervantes.

1030   *Hoy,* 19 de noviembre.

1031   Sarramía Roncero, Tomás. *Diccionario de frases de puertorriqueños ilustres.* San Juan, PR: Instituto de Cultura Puertorriqueña, 2001.

1032   Blackwell, Earl, ed. *Celebrity Register.* Vol. 4. Times Publishing Group, 1986.

1033   Ruiz, Miguel. *La voz del conocimiento*. Amber-Allen Publishing, 2004.

1034   *Time Magazine*, 26 de enero de 1998.

1035   Discurso de investidura, *The New York Times*, 1 de julio de 2005.

1036   La Revista. El Mundo.com, número 117.

1037   Blackwell, Earl. *Celebrity Register*. Vol. 4. Times Publishing Group, 1986.

1038   Worldfree internet.net.

1039   Blackwell, Earl. *Celebrity Register*. Vol. 4. Times Publishing Group, 1986.

1040   *People en Español*, mayo de 2005.

1041   *El Mundo Magazine*, 16 de enero de 2005.

1042   *People en Español*, noviembre de 2003.

1043   *El País*, 7 de enero de 2004.

1044   Plimpton, George, ed. *Latin American Writers at Work: The Paris Review*. New York: Modern Library, 2003.

1045   *Nova*, septiembre de 2004.

1046   Programa televisivo, *¿Dónde estás corazón?*, 3 de junio de 2005.

1047   *Revista Vanidades*, 30 de septiembre de 2003.

1048   *People en Español*, febrero de 2003.

1049   Marías, Javier. *Corazón tan blanco*. Madrid: Anagrama, 1992.

1050   *El Mundo Magazine*, 7 de noviembre de 2004.

1051   *People en Español*, noviembre de 2003.

1052   *La esfera de los libros*. Entrevista a Carmen Rigalt.

1053   Quinn, Tracy. *Quotable Women of the Twentieth Century*. New York: William Morrow, 1999.

1054   *People en Español*, noviembre de 2003.

1055   *People en Español*, diciembre de 2003.

1056   *El Mundo*, 9 de noviembre de 2003.

1057   Borges, Jorge Luis. *Laberintos*. Ediciones de Arte Gaglianone, 1983.

1058   The New World Disorder. *San Francisco Sunday Examiner*, 4 de julio de 1993.

1059   *El País*, 3 de octubre de 2004.

1060   Tardiff, Joseph C., y Mabunda, L. Mpho, eds. *Dictionary of Hispanic Biography*. New York: Gale Research Inc. 1996.

1061   Crespo, Mariano. MujerActual.com.

1062   The American Success Institute.

1063   *El Mundo Magazine*, 1995.

1064   *Shape en Español*. septiembre de 2004.

1065   *Segunda Juventud*, primavera de 2002.

1066   *Harper's Bazaar*, abril de 2003.

1067   Pérez Andujar, Javier. *Salvador Dalí*. Alcalá, 2003.

1068   *El Mundo*, 22 de octubre de 2003.

1069   *El Mundo Magazine*, 11 de mayo de 2003.

1070   Castañeda, Luis. *Máximas inmortales de la excelencia*. México: Poder, 1995.

1071   *Qué Leer*, noviembre de 2003.

1072   Entrevista de la editora.

1073   *ABC*, 27 de marzo de 2003.

1074   Amat, Oriol y Puig, Ramón. *Frases y anécdotas del mundo empresarial*. Barcelona: Gestión, 2000.

1075   Blackwell, Earl. *Celebrity Register*. Vol. 4. Times Publishing Group, 1986.

1076   Calderón de la Barca, Pedro. *El gran príncipe de Fez*.

1077   Cervantes Saavedra, Miguel de. *La española inglesa*.

1078   Ercilla y Zúñiga, Alonso de. *La Araucana*.

1079   En la batalla de Mobile, 5 de agosto de 1854; Foote, Shelby. *The Civil War*. New York: Random House, 1974.

1080   Mahan, Alfred Thayer. *Admiral Farragut*, 1892.

1081   Goicochea, Cesáreo. *Diccionario de citas*. Décima Edición. CIE INVERSIONES EDITORIALES DOSSAT. Madrid, 2001.

1082   *Qué Leer*, noviembre de 2003.

1083   *Listín*, 21 de enero de 2005.

1084   Cervantes Saavedra, Miguel de. *Persiles y Sigismunda*.

1085   Cervantes Saavedra, Miguel de. *Persiles y Sigismunda*.

1086   Fernández de Moratín, Leandro. *La comedia nueva*, 1792.

1087   Gracián y Morales, Baltasar. *Oráculo manual y el arte de la prudencia*, 1647.

1088   Hostos, Eugenio María de. *Obras completas*, volumen 19. *Hombres e ideas*.

1089   Ortega y Gasset, José. *Verdad y perspectiva*. Ensayo, 1916.

1090   *El Mundo*, 11 de abril de 2005.

1091   Ruiz, Miguel. La voz del conocimiento. Amber-Allen Publishing, 2004.

1092   Séneca, Lucio Anneo. Epístolae.

1093   Muy Interesante, año XXI, no.11.

1094   Muy Interesante, año XXI, no.11.

1095   Blackwell, Earl, ed. Celebrity Register. Vol. 4. Times Publishing Group, 1986.

1096   Castañeda, Luis. Máximas inmortales de la excelencia. México: Poder, 1995.

1097   Amat, Oriol y Ramón Puig. Frases y anécdotas del mundo empresarial. Barcelona: Gestión, 2000.

1098   VIDA HOY, 8 de agosto de 3003.

1099   Latina Magazine, agosto de 2003.

1100   El Mundo Magazine, 24 de octubre de 2004.

1101   BBCMundo.com, 22 de febrero de 2005.

1102   Campoamor, Ramón de. La vida.

1103   Facio, Sara y Laicia D'Amico. Retratos y autorretratos. Buenos Aires: La Azotea, 1973.

1104   Casona, Alejandro. Prohibido suicidarse en primavera. Madrid: Alfil, 1965.

1105   Blackwell, Earl, ed. Celebrity Register. Vol. 4. Times Publishing Group, 1986.

1106   Cisneros, Sandra. Caramelo. Alfred A. Knopf: New York, 2002.

1107   De "Ana en el trópico." Revista Hispanic, junio de 2003.

1108   Miklós, Fáy. Entrevista en With or Without Tails, 19 de agosto de 2003.

1109   Nava, Yolanda. It's All in the Frijoles. New York: Fireside, 2000.

1110   El Universal, 8 de abril de 2002.

1111   People en Español, marzo de 2003.

1112   The New York Times, 23 de noviembre de 2003.

1113   Jardiel Poncela, Enrique. Máximas mínimas. EDHASA, 2002.

1114   El Mundo Magazine, 31 de octubre de 2004.

1115   Qué Pasa, 23 de enero de 1973.

1116   Entrevista Telenovela 99.

1117   Hispanics in Hollywood. Canal 25, WNJU.

1118   El Universal, 27 de marzo de 2002.

1119   Autobiografía, 1906.

1120   Nervo, Amado. *En paz.*

1121   *People en Español,* septiembre de 2004.

1122   *People en Español,* junio de 2003.

1123   Blackwell, Earl, ed. *Celebrity Register.* Vol. 4. Times Publishing
        Group, 1986

1124   *ABC,* 28 de octubre de 2004.

1125   *Latina Magazine,* octubre de 2002.

1126   Portal cibernético Soraya.com.

1127   Elmundolibro.com, junio de 2003.

1128   *Hoy,* 5 de septiembre de 2003.

1129   Portal cibernético RamónVargas.com.

Índice de personas citadas

A

* *(ND): No disponible.*

C

D

E

F

Índice de personas citadas

H

I

J

K

L

M

Q

QUEVEDO Y VILLEGAS, Francisco de (1580–1645) Escritor español. *7, 9, 18, 112*

QUEZADA, Millie (1952–) Cantante dominicana. *3*

QUINTANILLA, Selena (1971–1995) Cantante estadounidense mexicana. *57*

R

RÁBAGO, Andrés (1947–) Dibujante satírico español. *190*

RAJOY, Mariano (1955–) Secretario general del Partido Popular español. *175*

RAMÍREZ HEREDIA, Rafael (1944–) Escritor mexicano. *79, 124*

RAMOS, Jorge (1958–) Periodista y escritor estadounidense, nacido en México. *71, 178*

RANGEL, Irma (1931–2003) Primera mujer hispana elegida a la legislatura de Texas. *67, 173*

RENTA, Oscar de la (1932–) Diseñador de moda, nacido en la República Dominicana. *137, 219*

RESTREPO, Laura (1950–) Novelista colombiana. *8, 43, 124*

REY, Paola (1979–) Actriz colombiana. *36*

RIGALT, Carmen (1949–) Periodista española. *138, 206*

RINCÓN DE GAUTIER, Felisa (1897–1994) Alcaldesa de San Juan, Puerto Rico, 1946–1968. *173*

RÍO, Dolores del (1905–1983) Nombre artístico de la actriz mexicana, Dolores Martínez Asúnsolo López Negrete. *102*

RÍOS, Osvaldo (1960–) Actor puertorriqueño. *219*

RIVERA, Chita (1933–) Nombre artístico de Dolores Conchita Figuero del Rivero, actriz estadounidense de ascendencia puertorriqueña. *29, 82*

RIVERA, Diego (1886–1957) Pintor mexicano. *25, 130*

RIVERA, Geraldo (1943–) Periodista y abogado estadounidense de ascendencia puertorriqueña. *178, 204*

ROCHE-RABELL, Arnaldo (1955–) Pintor puertorriqueño. *103*

RODRIGUEZ, Alex (1975–) Beisbolista de padres dominicanos. *69*

S

U

V

W

Z